初心者でも一人で学べる

部位別 ウエイトトレーニング

監修／小沼敏雄（85、87～99年全日本ボディビル選手権優勝）

前面の主な筋肉名称

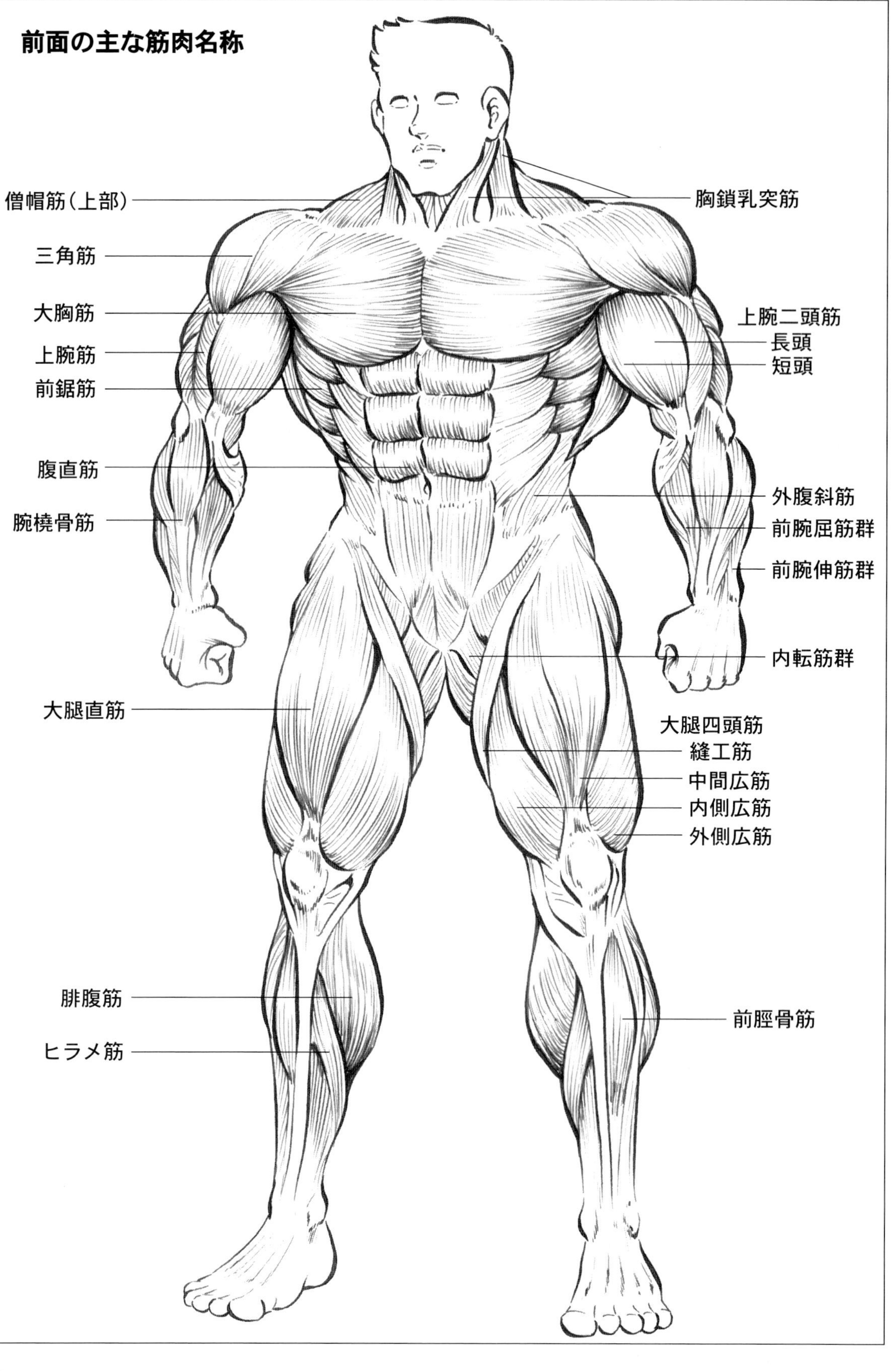

僧帽筋（上部）
三角筋
大胸筋
上腕筋
前鋸筋
腹直筋
腕橈骨筋
大腿直筋
腓腹筋
ヒラメ筋
胸鎖乳突筋
上腕二頭筋
長頭
短頭
外腹斜筋
前腕屈筋群
前腕伸筋群
内転筋群
大腿四頭筋
縫工筋
中間広筋
内側広筋
外側広筋
前脛骨筋

背面の主な筋肉名称

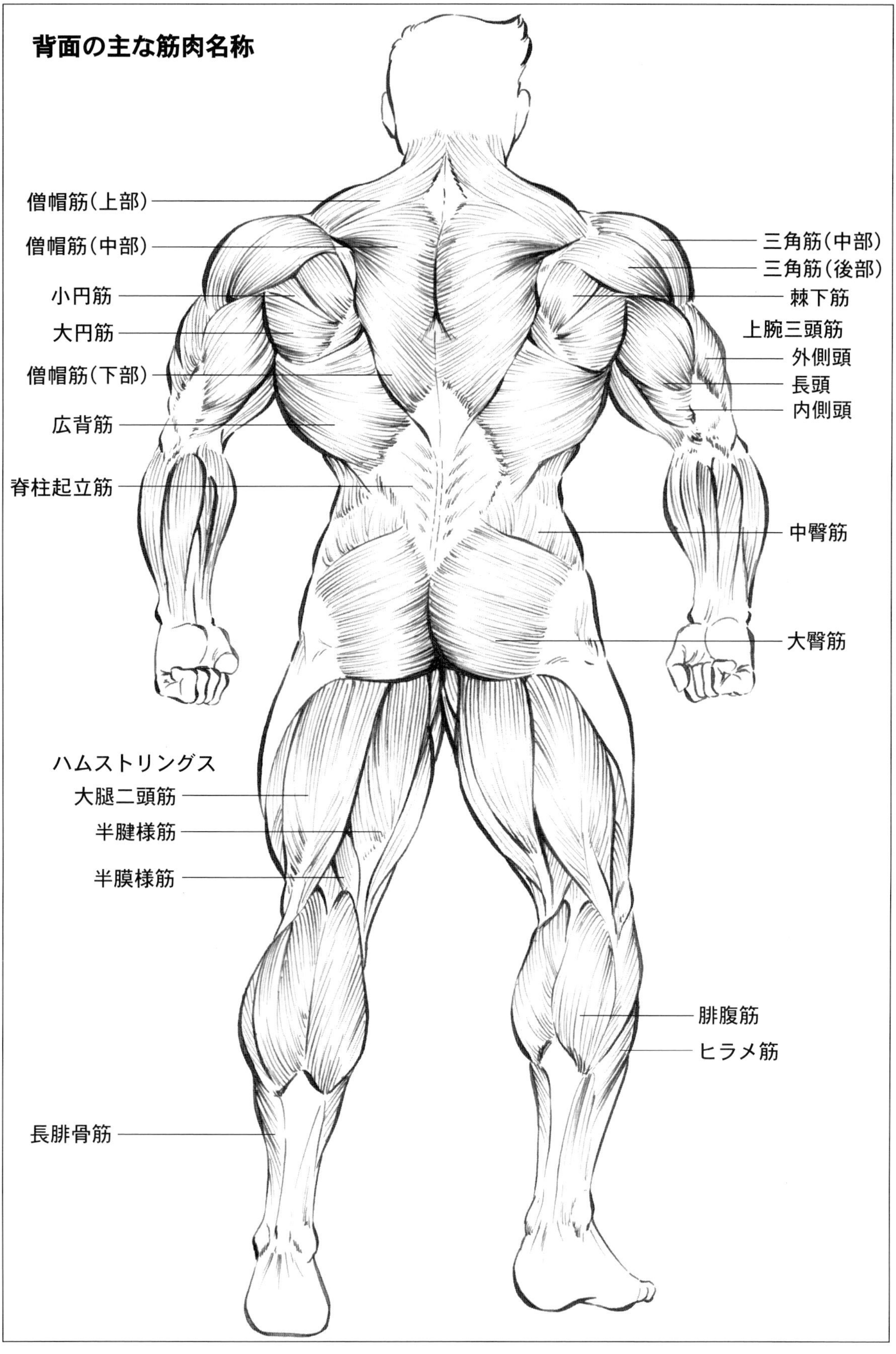
僧帽筋(上部)
僧帽筋(中部)
小円筋
大円筋
僧帽筋(下部)
広背筋
脊柱起立筋
三角筋(中部)
三角筋(後部)
棘下筋
上腕三頭筋
外側頭
長頭
内側頭
中臀筋
大臀筋
ハムストリングス
大腿二頭筋
半腱様筋
半膜様筋
腓腹筋
ヒラメ筋
長腓骨筋

目次

表紙撮影／Ben
イラスト／風間賢一

CHEST

第１章
胸部のトレーニング

◆ベンチプレス

〈基本動作〉

フラットベンチに仰向けになり、バーベルを肩幅より1～2こぶし位の間隔を開けて握る。目安としては、バーベルを降ろした時に、前腕が床と垂直になる位の間隔である。

次に、両腕を伸ばしてバーベルを胸の上に保持するが、この時、胸を張って肩甲骨を寄せ、ブリッジを利かすようにする。足は床に置いておく。またブリッジを利かせる時、尻を浮かせてはならない。

そのままの姿勢を保ってバーベルを降ろしていく。バーベルを降ろす目安は、大胸筋下部、乳首周辺である。バーベルが胸に触れたら休むことなく、そのまま上げる。

足をベンチの上、もしくは上方に浮かせて動作するやり方もある。この方法は、腰の悪い人や体が柔らかくアーチし過ぎてしまう人に有効である。よって、基本はあくまでも足を床に置いて行う。

〈呼吸〉

基本的には、バーベルを降ろしながら吸い、上げながら吐く。パワーリフティングでは、バーベルを降ろす前に息を思いっきり吸い、動作中は息を止め、上げた所で息を吐く方法でＭＡＸ重量を狙う。この方が高重量を上げやすいからだが、初心者は先に述べた呼吸法で行なうべきである。中・上級者は、吸いながら降ろして、上げる時は息を止め、上げた所で吐く。但し、吐き切らない。

ベンチプレス

〈注意点〉

①バーベルを握る時に、手首が返らないように注意する。また、バーベルを乗せる位置は手の平の下部（親指の付け根）で、手を開いた時にバーベルが落ちないようにする。指は強く握らずに、軽く握る程度にする。強く握ると前腕に効く。

②初心者の場合、バーベルを上げる時にどうしても顔の方向に上げてしまうようだが、上げる位置は、降ろした位置の真上である。やや足方向に上げる感じで行なうと良い。

③バーベルを降ろす時は、決して肘は絞らずに張った態勢で降ろすこと。

④動作中、肘は常にバーベルの真下に位置する。また、バーベルを上げ切った時、肩も一緒に上がらないようにする。胸を張った状態を崩さなければ、肩は上がらないはずである。初心者は、肩を上がりにくくする為に、バーベルを上げた時、肘をロックしない方が良いだろう。

〈効果〉

大胸筋全体に効果があるが、主に大胸筋中部（胸郭（きょうかく）の薄い人）から下部（胸郭の厚い人）にかけての方が強く効く。補助筋：三角筋前部

◆ワイドグリップ・ベンチプレス

〈基本動作〉

ベンチプレスのバリエーション種目なので、手幅以外は前述のベンチプレスと同じ。手幅は、肩幅より握りこぶし2～3個分の間隔を開けてバーベルを握る。降ろした時に前腕が垂直より開いている。

〈効果〉

大胸筋中部から下部にかけて効くが、スタンダードグリップのベンチプレスよりも大胸筋外側に効かせやすい。

◆ナローグリップ・ベンチプレス

〈基本動作〉

バーベルを肩幅よりやや広めの間隔で握る。その他は、スタンダードグリップのベンチプレスに類似する。

〈注意点〉

①スタンダードグリップよりも肘が内側に入りやすいので、より注意が必要である。肘が内側に入って動作してしまうと、効果が上腕三頭筋に移行してしまう。

〈効果〉

大胸筋中部から下部にかけて効果があるが、特に内側に強く効くようである。他のベンチプレスに比べて、上腕三頭筋の関与が強い。

◆ベンチプレス・トゥザ・ロウアー・ペク

〈基本動作〉

スタンダードグリップで、バーベルを大胸筋の下部に下ろすベンチプレスである。基本的には動作は同じだが、バーベルを降ろす位置は、大胸筋とみぞおちとの切れ目の所である。また、上げる位置も降ろした位置の真上であるから、前述のベンチプレスの上げる位置よりも下になる。さらに、尻が多少浮く程度でブリッジを利かせる。これは、より大胸筋下部に効かせる為である。

〈効果〉

大胸筋下部

◆ベンチプレス・トゥザ・アッパー・ペク

〈基本動作〉

ワイドグリップ・ベンチプレス

ナローグリップ・ベンチプレス

ベンチプレス・トゥザ・ロウアー・ペク

スタンダードグリップで、バーベルを大胸筋の上部に降ろすベンチプレス。ブリッジし過ぎない為に、足をベンチの上に乗せるか、上空に浮かせる。こうした方が、より大胸筋上部に効かせる事が出来る。バーベルを下ろす位置は、乳首と鎖骨の中間辺りで、上げる位置はその真上となる。その他の基本動作は、スタンダードグリップのベンチプレスと同じ。

〈効果〉
大胸筋中部から上部

◆ダンベル・ベンチプレス

〈基本動作〉
両手にダンベルを持ち、フラットベンチに仰向けになる。腕を伸ばしダンベルを上方に保持した時に、ダンベルは大胸筋下部の上にくるようにする。肩甲骨を寄せてブリッジを利かせ、足を床に置く。そのままの姿勢で両手のダンベルを同時に降ろしていき、十分ストレッチされた所で、再びダンベルを上げていく。降ろす感覚は、バーベルと同じである。

上げる時にダンベルを1/4回転させて、上げ切った時に両手のダンベルを平行にするやり方もある。この方が大胸筋下部の収縮が強まるが、初心者は意識しにくいので、ダンベルは横のまま動作した方が良いだろう。

ベンチプレス・トゥザ・アッパー・ペク

〈呼吸〉
降ろしながら吸い、上げる時は止める。上げ切る手前で吐く。

〈注意点〉
①バーベルよりも肘が開きやすいので注意する。肘はバーベル同様に、常にダンベルの下に位置する。
②ダンベルを上げた時、双方のダンベルが触れないようにする。
③初心者は左右の筋力差が大きいので、バーベルによるベンチプレスから始めた方が良いだろう。

〈効果〉
大胸筋全体に効果はあるが、特に中部から下部にかけて強く効く。また、バーベルによるベンチプレスよりも可動範囲が大きい分収縮感が強いので、より内側にも効果がある。

◆ダンベルフライ

〈基本動作〉
両手にダンベルを持ち、フラットベンチに仰向けになる。両手を伸ばし、上方で両ダンベルが平行になるように保持する。胸を張り肩甲骨を寄せて、足を床に置く。そのままの姿勢を保ち、両ダンベルを半円を描きながら左右に開いていく。降ろす目安は、ベンチプレスと同じで大体乳首の横辺り。また、

ダンベル・ベンチプレス

上げる位置も降ろした位置の真上にくる。降ろし切った時、ダンベルは平行ではなく、ハの字に開いた方がストレッチ感が強い。ダンベルを上げきった時以外は、肘は多少曲げておく。

〈呼吸〉
　ダンベルを降ろしながら息を吸い、上げる時は止めて、上げる事前で吐く。ダンベルフライは、胸郭を広げる効果もあるので、ベンチプレスのように息を止めて動作することはない。

〈注意点〉
①ダンベルを降ろす時に、肩をすぼめてダンベルが上方にこないよう注意する事。胸を張って行なえば防げる。
②ダンベルを降ろす時に、手首が返ってしまう場合が多いので、手首はやや巻き込んでおく。そして、上げながら徐々に手首を戻して行くようにすると良い。
③ダンベルを握る位置は、親指の方がプレートに近くなるように握ると、バランスが取りやすいようである。またダンベルを乗せる位置は、バーベル同様に手首の真上。
④ダンベルを降ろし過ぎると肩への負担が大きくなるので、降ろし過ぎないこと。
⑤フィニッシュではプレスに比べて刺激が抜けやすいので注意する。

〈効果〉
　大胸筋中部から下部と外側輪郭部分。三角筋はほとんど使わない。

◆スティッフアーム・ダンベルフライ

〈基本動作〉
　腕を真っすぐに伸ばして行なうダンベルフライ。肘や肩にかかる負担が大きいという理由で、最近はあまり行なわれなくなった種目である。基本動作は前述のダンベルフライと同じである。

〈注意点〉
①腕を真っすぐに伸ばしている分、扱う重量は軽くなる。
②ダンベルが上方（肩の方）にいきやすいので注意する。

〈効果〉
　前述のダンベルフライより、肩に近い部分のストレッチ感が強い。

◆インクライン・ベンチプレス

〈基本動作〉
　ベンチの角度を45度前後に設定したインクラインベンチに仰向けになる。バーベルを肩幅より握りこぶし１～２個分の間隔で握り、腕を伸ばして上方に保持する。この時、腕は床に対して垂直になる。肩甲骨を寄せブリッジを利かせ、足を床に置いて踏ん張る。その姿勢のまま、バーベルを鎖骨のやや下辺りに降ろす。バーベルが胸に触れたら、休むことなくそのまま上方にプレスする。上げる位置は降ろした位置の真上である。

〈呼吸〉
　フラットベンチのバーベルベンチプレスと同じ。

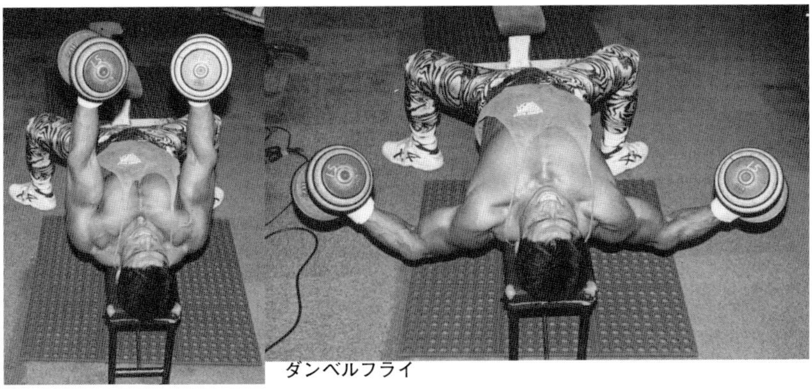
ダンベルフライ

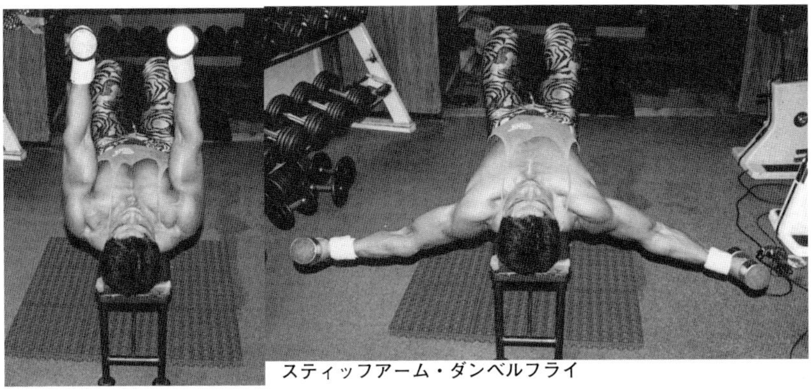
スティッフアーム・ダンベルフライ

インクライン・ベンチプレス

インクライン・ダンベルプレス

〈注意点〉
①フラットベンチプレスよりもバーベルを上げた時に、肩が上がりやすいので注意する。初心者は鏡を見ながらチェックすると良い。
②肩に効きやすい人やブリッジを利かせにくい人は、ベンチの角度を緩くする。尻をベンチにつけなければブリッジできないので、肩に効かせる人はベンチに座らない。

〈効果〉
大胸筋上部（ベンチプレス・トゥザ・アッパー・ペクより、上部に集中的に効果がある）。

◆デクライン・ベンチプレス

〈基本動作〉
ベンチの角度を30度前後に傾けたベンチに仰向けになり、バーベルを肩幅より握りこぶし１～２個分開けて握る。胸を張り肩甲骨を寄せて、ブリッジを利かす。そのままの姿勢で、バーベルを大胸筋の下部切れ目辺りを目がけて降ろす。バーが胸に触れたら、そのまま休まずに降ろした真上にプレスする。

〈注意点〉
①肘は開かずに、むしろ絞め気味で降ろした方が良い。
②初心者は必ず補助者に付いてもらって行なう。
③上げる時に、バーベルが顔の方へいきやすいので注意する。

〈効果〉
大胸筋下部（ベンチプレス・トゥザ・ロウアー・ペクよりも強く下部に効かせることが出来る）。

◆インクライン・ダンベルプレス

〈基本動作〉
基本的な動作は、インクライン・ベンチプレスと同じである。ただ、バーベルよりは左右のバランスが取りにくいので、注意が必要である。また、ダン

デクライン・ベンチプレス

ベルを上げた時、ダンベルとダンベルが触れぬようにする。触れるようなやり方で行なうと、上げ切った時に胸から刺激が抜けてしまうからである。

〈注意点〉
降ろす時に、肘の位置がダンベルの時よりずれやすいので注意する。

〈効果〉
大胸筋上部（バーベルより内側に効きやすい）。

インクライン・ダンベルフライ

◆デクライン・ダンベルプレス
〈基本動作〉
基本的な動作は、デクライン・バーベルプレスと同様である。バーベルより可動域が広いが、その分バランスは取りにくい。

〈注意点〉
①ダンベルの軌道は直線的ではなく、多少半円を描くような感じで動作する。
②始めにダンベルを持ってデクラインベンチに寝る時とセットが終わりダンベルを持って起き上がる時は、初心者でなくともバランスを崩しやすい。初心

デクライン・ダンベルプレス

者やヘビーウェイトを扱う時は、補助者にダンベルをスタート位置までもってきてもらった方が良い。

〈効果〉
大胸筋下部（バーベルより内側に効きやすい）。

◆インクライン・ダンベルフライ
〈基本動作〉
ベンチの背もたれを45度前後に傾けて、そこへ仰向けになる。両手にダンベルを持ち、上腕が床と垂直になるような感じで胸の上に保持する。この時ダンベルの向きは、平行ではなくハの字になっている。また、肩甲骨を寄せて、胸を張っておく。そのままの姿勢を保ち、両ダンベルを同時に降ろしていくが、フラットベンチで行なうダンベルフライより、肘を後ろに張りながら降ろすと、大胸筋上部から刺激が抜けにくいようである。また、ダンベルを降ろした時に、前方から見てダンベルの向きがハの字になっているようにする。胸上部のストレッチ感を十分に感じ取ったら、休むことなくスタートポジションまで戻す。

〈呼吸〉
ダンベルを降ろしながら吸い、上げる時は止め、上げきる手前で吐く。

〈注意点〉
①ダンベルは真横に降ろすような感じで行なうと良い。
②ダンベルはそれほど深く降ろせない。深く降ろせる時は、肘が中に入っている場合が多い。
③ダンベルの向きは、常にハの字のまま動作するこ

と。上げた時にダンベルを平行にすることは、大胸筋中部の方に刺激が移行してしまう。
④ダンベルを降ろした時に、手首を多少巻いて受けるようにし、上げながら徐々に手首を返していくと、刺激が抜けないようである。

〈効果〉
大胸筋上部

◆デクライン・ダンベルフライ
〈基本動作〉
30度前後に傾けたベンチに仰向けになり、両手にダンベルを持って、大胸筋下部切れ目の上に保持する。そこからダンベルを降ろしていくが、ダンベルは降ろしながらハの字にする。大胸筋下部に十分ストレッチ感を感じたら、ダンベルを上げていくが、上げながらダンベルは徐々に平行に戻す。フィニッシュでは、多少小指側を寄せた方が下部の収縮感は強まるようである。

〈注意点〉
ダンベルを降ろす時に顔の方へいかないようにする。ダンベルは大胸筋の真横にくるようにする。

〈効果〉
大胸筋下部と輪郭部分。

◆ストレートアーム・バーベル（ダンベル）・プルオーバー
〈基本動作〉
フラットベンチに多少頭を端から出して仰向けになる。足はベンチの上に置く。バーベルを握りこぶし１個半程度の間隔を開けて握り、肩甲骨を寄せて、胸を張った姿勢で胸の上に保持する。その姿勢を保ったまま、肘を曲げずにバーベルを降ろしていく。バーベルを降ろす位置は、上腕が耳にくる辺りまでで良い。そして、再びバーベルを垂直まで戻す。
ダンベルの方が、収縮感が強められる。基本動作はバーベルと同じ。

〈呼吸〉
バーベルを降ろしながら吸い、上げる時は止め、事上げきる手前で吐く。

〈注意点〉
①バーベルを上げきった時、肩まで上げないようにする。胸をきちんと張って行なえば、肩が上がる事はない。
②深く降ろしても背中のストレッチ度が強まるだけ

デクライン・ダンベルフライ

ストレートアーム・バーベル・プルオーバー

で、大胸筋のストレッチ度は強まらないので、あまり降ろす必要はない。

〈効果〉

大胸筋全体。小胸筋。但し、あまり強い刺激が得られないため、最近の胸のトレーニング種目としてはポピュラーではない。補助筋：大円筋、広背筋。

◆ベントアーム・バーベル（ダンベル）・プルオーバー

〈基本動作〉

基本的な姿勢・動作は、ストレートアーム・プルオーバーと同じである。胸の上に保持したバーベル（ダンベル）を降ろしながら徐々に肘を曲げていき、上げながら肘を伸ばしていく。バーベル（ダンベル）を降ろしきった位置での肘の角度は大体30度前後で、ストレートアームよりは多少肘は開いている。そして上げきった時に肘を伸ばしきって、胸を収縮させる。ストレートアーム・プルオーバーよりは重い重量が扱える。

肩関節の堅い人は、このベントアームで行なった方が良い。

〈注意点〉

①肘をあまり深く曲げないこと。肘を曲げれば曲げるほど、刺激は背中に移行する。
②肘を曲げたまま動作をしない。上げる時に肘を伸ばしていかないと、フィニッシュで胸の収縮感が弱まる。
③バーベル（ダンベル）は真下に降ろすのではなく、半円を描きながら遠くへ降ろすような感じで行なう。
④ダンベルの方が収縮感が強くなる。

〈効果〉

大胸筋全体。小胸筋、広背樹、大円筋。但し、背中のストレッチ度が強くなる。

◆クロスベンチ・プルオーバー

〈基本動作〉

この種目もダンベル、バーベルどちらでも行なうことが出来るが、ダンベルの方がよりポピュラーと思えるので、ここではダンベルで解説しよう。

ベンチを横にして、首から下の部分を乗せる。顔はそれほど後ろを向かずに、多少落とす程度で良い。ダンベルの内側を両手の平で支え、胸の上に保持する。肩甲骨は多少寄せておき、胸を張る。この時、腰の位置はベンチと同じ高さに保つ。そこから

ベントアーム・バーベル・プルオーバー

クロスベンチ・プルオーバー

ダンベルを降ろしていくが、ダンベルを降ろすのと同時に、腰も下へ落としていく。上腕が耳の辺りまできたら、ダンベルを再び上げていく。そして同時に腰もベンチの高さまで戻していく。フィニッシュでは、肘を伸ばし切って胸を絞り込む。ストレートアーム、ベントアームのどちらで行なっても良いが、ベントアームの方が肩関節への負担が弱い。

〈注意点〉

ダンベルを降ろす時に腰を落とし過ぎたり、腰を落としたままダンベルを上げないようにする。

〈効果〉

他のプルオーバーよりもストレッチ度が強い。また、他の筋群（大円筋、後背筋、前鋸筋、三角筋など）のストレッチ度も強まる。

プルオーバー・アンド・プレス

◆プルオーバー・アンド・プレス

〈基本動作〉

バーベルを握りこぶし2個程度の間隔を開けて握り、フラットベンチに仰向けになる。肘を曲げた状態でバーベルを胸の上に保持し、そこから肘を曲げたままバーベルを頭の下へ降ろしていく。十分ストレッチされたら胸を張ったままバーベルをプルオーバーし、そのまま胸の上へプレスする。

〈注意点〉

①常に胸は張ったまま動作すること。

②プルオーバーした段階で力を抜かずに、そのままプレス動作に移る。

〈効果〉

この種目でのプルオーバーは、バーベルをベントアームで上げるので、胸というよりは背中の効果が強いと思われる。よってこの種目では、プレス動作が胸に効果がある。また、この種目をボディビルの胸のトレーニングに組み入れることは少ないようだ。胸と背中を同時に鍛える、いわゆるスポーツの補強運動に適していると言えよう。

◆ダンベル・アラウンド・ザ・ワールド

〈基本動作〉

軽めのダンベルを両手に持ち、フラットベンチに仰向けに寝る。両腕を伸ばしてダンベルが一直線上になるように胸の上に保持し、そこから頭上へと肘を伸ばしたままダンベルを降ろす。上腕が耳の辺りまできたら、次にダンベルを1/4回転させながら、肘を伸ばしたままダンベルを肩の位置まで持ってくる（この時親指が上を向いている）。さらに1/4回転させながら、大腿部の前までダンベルを持ってくる（この時手の平は大腿部側を向いている）。そして、ダンベルの向きはそのままでスタートポジションへ戻す。

〈呼吸〉

ダンベルを肩の位置に持ってくるまでは徐々に息を吸い、大腿部へ持ってくるまでに吐ききる。

〈注意点〉

①肩関節を回転させる動作なので、軽めのウェイトを使用すること。

ダンベル・アラウンド・ザ・ワールド

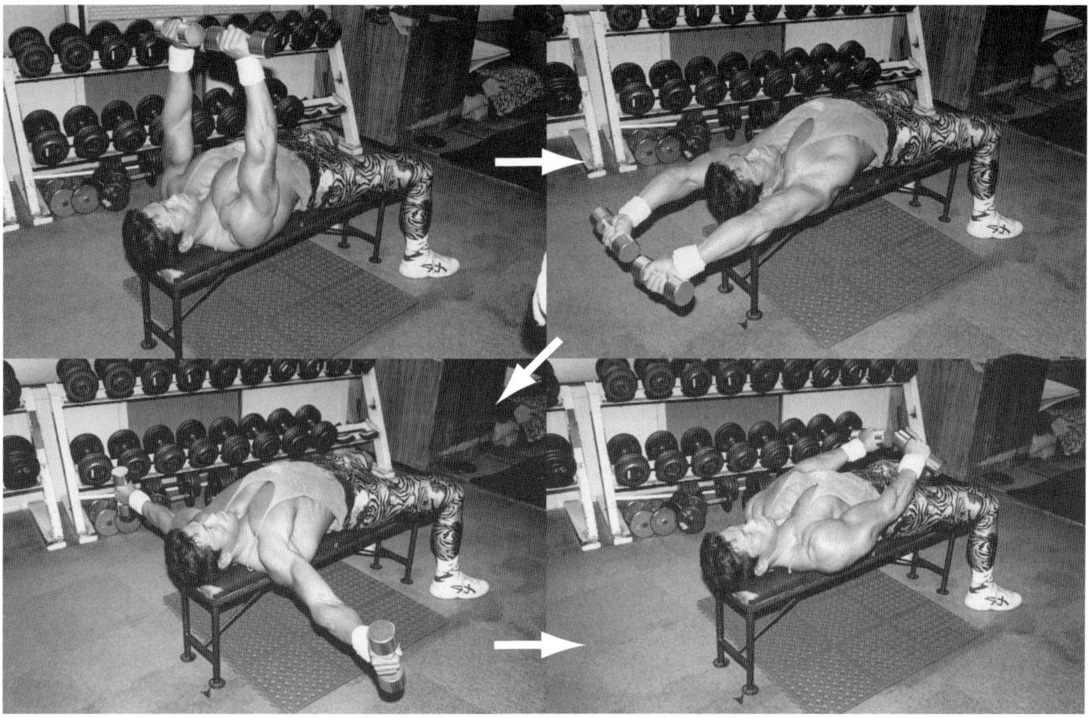

②動作中、常に胸は張っておく。

〈効果〉

この種目も動作全域にわたって、胸に効果がある訳ではない。ダンベルを肩の位置から大腿部まで持って行く時に、大胸筋を主に使っている。よって、この動作では思いっ切り大胸筋を絞り込むようにしなければならない。

◆プッシュアップ

〈基本動作〉

肩幅よりやや広めに開いて床に手をつく。この時、指先側をやや内側に入れて（ハの字）おくと良い。手の真上に大胸筋がくるように、肘を伸ばして上体を支える。そこから肘を開きながら、両手が胸の真横にくるように降ろしていく。床すれすれまで降ろしたら、再び上げていく。上げきった時、初心者は肘をロックさせない方が刺激が抜けないだろう。

〈呼吸〉

吸いがら降ろし、下で止めて、上げきる瞬間に吐く。

〈注意点〉

①肘は常に張ったまま動作する。肘を絞って動作すると、三頭筋に刺激が移行してしまう。

②降ろす時、腰から下ろさず胸から降ろすように。

③上げ切った時、胸を張っておく。

プッシュアップ

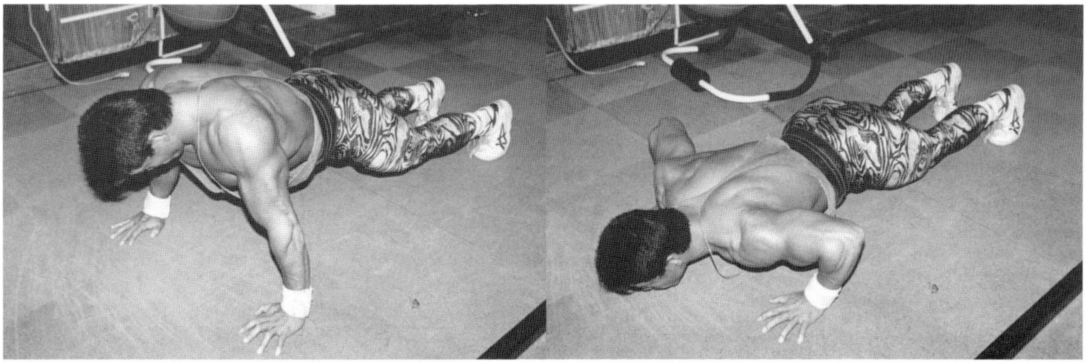

プッシュアップ・ビトゥイーン・ザ・ベンチ

〈効果〉
大胸筋全体（特に外側）、三頭筋、三角筋前部。

◆プッシュアップ・ビトゥイーン・ザ・ベンチ

〈基本動作〉
プッシュアップのバリエーション種目なので、基本的な動作はプッシュアップと同じである。
体が入る位の間隔を開けて適当な高さのベンチを平行に置き、足の所にも低めの台を置けばなお良い。それぞれのベンチに手をつき足も台の上に置いて、プッシュアップを行なう。さらに強度を高めたい人は、足を置く台の高さをベンチより高くすれば良い。

〈効果〉
大胸筋全体（プッシュアップよりストレッチ度が強く、より刺激が強い）。

◆ペク・デッキ・フライ

〈基本動作〉
最近は色々な形のペク・デッキ・フライ・マシンが登場したが、ここでは一番普及されているシートと背もたれが90度のマシンについて説明しよう。

まずシートの高さを、前腕をパッドに当てた時に、肘が大胸筋下部にくるように調節する。そして、後頭部から腰までをシートにぴったり着けて座るが、胸を張ってブリッジを多少利かせておく。また、パッドは前腕全体で支えるように持つが、この時に肩が上がらないように注意する。その状態を保ったまま両パッドを押していくが、どちらかというと肘の方にやや力を入れ気味にして押すと、フィニッシュで肘がパッドから離れることを防げる。収縮しきった所でワンクッションおいて、両パッド同時に開いていく。

〈呼吸〉
閉じながら息を吐いて、吸いながら開く。

〈注意点〉
①フィニッシュで上体が猫背にならないようにする。また、パッドから肘を離さないようにする。このようなフォームになってしまうと、刺激が胸ではなく肩に移行してしまう。
②フィニッシュでは両パッドが着くまで閉じないようにする。しっかり胸を張って動作していれば、大胸筋が邪魔をしてパッドとパッドは着かないはずである。もし着くようであれば、フィニッシュで胸がしっかり張れていない。
③この種目はアイソレーション種目なので、高重量を低回数で行なうのではなく、収縮と伸展（伸ばすこと）がしっかり意識出来る重量で行なうこと。

〈効果〉

ペク・デッキ・フライ

大胸筋内側（特に中部から下部）。

〈バリエーション〉
①座る位置を変える。
座る位置を浅くして、後頭部から肩甲骨辺りまでを背もたれに着ける。肘の位置は大胸筋下部にくるように、シートの高さを調節する。こうすれば、より大胸筋下部に集中して刺激を与えることが出来る。
②肘の位置を変える。
座る位置はスタンダードと同じで、肘の位置を肩のラインに合わせる。但し、肩は決して上げない。このフォームで行なえば、大胸筋上部に刺激がいきやすくなるが、初心者は意識が難しいようである。

◆マシンプレス

〈基本動作〉
バーベル・ベンチプレスのマシンである。よって、フォームと基本動作はほぼ同じである。グリップの位置が動かせないので、グリップが大胸筋下部（乳首の辺り）にくるようにベンチを設定する。軌道が決まっている分バランスが取りやすいので、初心者には適している。

〈呼吸〉

マシンプレス

吸いながら降ろして、吐きながら上げる。

〈注意点〉
ここではバーベル・ベンチプレスと違う点を挙げておく。
①プレートが着く（カチャと音がする）まで降ろさない。

〈効果〉
大胸筋中部から下部。補助筋：三角筋前部、上腕三頭筋。

〈バリエーション〉
◎グリップの位置を変える。
①グリップの位置を大胸筋下部ぎりぎりの所にくるように寝転んで動作すれば、より大胸筋下部に効かす事が出来る（ベンチプレス・トゥザ・ロウアー・ペク）。
②グリップの位置が乳首と鎖骨の中央部にくるように寝転んで動作すれば、より大胸筋上部に効かせる事が出来る（ベンチプレス・トゥザ・アッパー・ペク）。

◆バーチカル・ベンチプレス

〈基本動作〉
垂直に座って（椅子に座るように）行なうマシンプレス。グリップを握って肘を張った時、肘の位置が乳首の辺りにくるように、椅子の高さを設定する。肩甲骨を寄せて胸を張り、臀部と後頭部はシートにぴったりと着ける。背中はアーチを作っているので、必ずしもシートに全部付いている訳ではない。そのままの姿勢を維持したままグリップを押す。

〈呼吸〉
押しながら息を吐き。戻しながら吸う。

〈注意点〉
①寝転んで行なうベンチプレスよりも初心者は肩が上がりやすいので、より注意が必要。上げ切った時、肘を伸ばし切らない。
②胸を張って動作するのが難しい人は、臀部を多少シートから離して行なうと良い。
③肘とグリップを結ぶ線（前腕）は、常に床と平行でなければならない。

〈効果〉
大胸筋中部から下部

〈バリエーション〉
◎グリップの位置を変える。
①肘（グリップ）の位置を大胸筋下部ぎりぎりの所に合わせて動作する。大胸筋下部に強く効かせることが出来る。
②肘（グリップ）の位置を肩の位置まで上げて動作する。大胸筋上部に強く効かせることが出来るが、初心者にとって、肘を肩の位置まで上げて動作することは意識が難しいだろう。

ケーブル・クロスオーバー

ディップス

◆ケーブル・クロスオーバー

〈基本動作〉
ケーブル・クロスマシンの中央に、両手それぞれにハンドルを持って立つ。この時マシンのやや後ろに立つと、ケーブルを真っすぐ引けるだろう。スタートポジションでは肘が肩より上に位置し（こぶしが肩の位置）、肘はやや曲げておく。胸を張って、上体をやや前傾させたまま（30度前後）両方のケーブルを同時に、半円を描くように引いてくる。手と手が触れるぎりぎりの所まで寄せてきたら、同じ軌道でケーブルを戻していく。胸を張った前傾姿勢は、動作中終始一定に保つようにする。

〈呼吸〉
初心者は、息を吐きながらケーブルを引いてきて、吸いながら戻す。

〈注意点〉
①グリップの位置は、決して肘より上にきてはいけない。肘より上にくると刺激が胸から抜けてしまう。
②ケーブルを引いてくる時に、胸がすぼまって肩が前にいかないようにする。もし胸が張れないようであれば、扱っているウェイトが重すぎるので軽くする。この種目はヘビーウェイトを扱うよりも、やや軽めのウェイトで効かせるようにした方が良いだろう。
③ケーブルを戻した時（スタートポジション）、手首が後ろに返らないように。
④上級者においては、フィニッシュで手と手を交差させるまで引くことにより、大胸筋内側の収縮感を強めることが出来るが、初心者はそこまでする必要はないだろう。

〈効果〉
大胸筋下部、及び輪郭。

〈バリエーション〉
マシンの中央より前へ立って行なう。肩が上がりにくく、ハンドルを前へ引いてくると大胸筋内側へ刺激が移る。

◆ディップス

〈基本動作〉

この種目は動作自体は簡単だが、大胸筋に効かせることは初心者にとって難しいようである。肩幅よりやや広めにパラレルバーを握り、胸を張った状態で腕を伸ばし、上空に体を保持する。次に、胸を突き出すような感じで上体を前傾させながら、体を降ろしていく。十分に大胸筋がストレッチされたのを感じ取ったら、前傾姿勢を保ったまま上げていく。肘をロックさせる直前まで上げたら、休まずに再び降ろしていく。

〈呼吸〉

吸いながら降ろして、吐きながら上げる。

〈注意点〉

①先程も述べたが、初心者にとっては胸より肩や三頭筋に効きやすい難しい種目と言える。大胸筋に効かせる為には、胸を張って終始前傾姿勢を保つことが重要であるが、初心者や前傾姿勢を保つことが難しい人は、足を補助者に持ってもらったり、ロープ、台に置くなどして行なえば、大胸筋に効かせやすいだろう。

②腕を伸ばして体を支える位置（スタートポジション）では、肘は伸ばし切ると三頭筋に刺激が移行してしまう。

③真横から見た時に、前腕は常に床に垂直の状態を保ったまま動作しなければならない。肘がグリップより後ろにきてしまうと、三頭筋のストレッチ度が強まってしまう。上体を前に押すような感じで上げれば、前腕を一定に保ったまま動作出来るようである。

④あまり深く体を降ろす必要はない。僧帽筋が上がるほど体を沈めてしまうと、大胸筋から刺激が抜けてしまう。大体、乳首がグリップの位置にくる位で良いだろう。

〈効果〉

大胸筋下部と外側脇に近い部分。初心者は下部に効かすことは難しい。補助筋：上腕三頭筋、三角筋前部

◆インクライン・ケーブルフライ

〈基本動作〉

ケーブルを使って行なうインクライン・フライ。基本動作はダンベルで行なうものとほぼ同じである。ケーブル・クロスマシンの中央に、インクライン・ベンチを置いて仰向けになる。ベンチの角度は45度前後。肩甲骨を寄せてブリッジを利かし、肘をやや曲げて両手にロープーリーのハンドルを握る。そのままの姿勢を保ち、半円を描きながら両手が触れる位までハンドルを引いてきたら、ワンクッションおいて再び戻していく。ダンベルよりはストレッチ感が弱いが、収縮感は強い。この種目は、もちろんフラットベンチで行なうことも出来る。

〈呼吸〉

吸いながら開き、吐きながら閉じる。

〈注意点〉

①スタートポジションのグリップの位置は、肩のラインにする。それ以上深く降ろせるかもしれないが、肩のストレッチになってしまうので、そこまでで十分だろう。

②手首は常に巻き込んだ状態で、ウェイトを受けるようにする。返してしまうと十分大胸筋に刺激が伝わらない。

③ケーブルを引いてくる時に、胸がすぼまって肩が前に行かないようにする。あまり重い重量で行なうとそうなりやすい。

〈効果〉

大胸筋上部

◆スタンディング・ロープーリー・チェストプル

インクライン・ケーブルフライ

〈基本動作〉
片手にロープーリーに繋がれたハンドルを握り、肘をやや曲げて、体の横斜め下45度位に開いて保持する。胸を張って、真っすぐ反対側の肩の上を目がけて引き上げる。十分な収縮感を感じ取ったら、ワンクッションおいて元の位置に戻す。

〈呼吸〉
吐きながら上げて、吸いながら戻す。

〈注意点〉
①手を高く上げ過ぎると、フロントレイズのようになり肩の種目になってしまう。

〈効果〉
大胸筋上部内側を集中して鍛えられる。

スタンディング・ロープーリー・チェストプル

◆スタンディング・ハイプーリー・チェストプル

〈基本動作〉
ハイプーリーのハンドルを片手に握り、腕が斜め上25度位になるように保持する。肘をやや曲げたまま、斜め下に向かってケーブルを引き降ろす。

〈呼吸〉
吐きながら降ろして、吸いながら戻す。

〈注意点〉
①ケーブルクロスオーバーのように、グリップを大腿部の方に降ろしていけない。反対側の体側に向かって降ろしていく。
②スタートポジションでは、グリップは肘より高い位置にある。
③フィニッシュで肩が前に出ないようにする。きちっと胸が張れていれば、肩は前に出ないはずである。

〈効果〉
大腿筋中部～下部の内側。

スタンディング・ハイプーリー・チェストプル

THIGH

第２章
大腿部のトレーニング

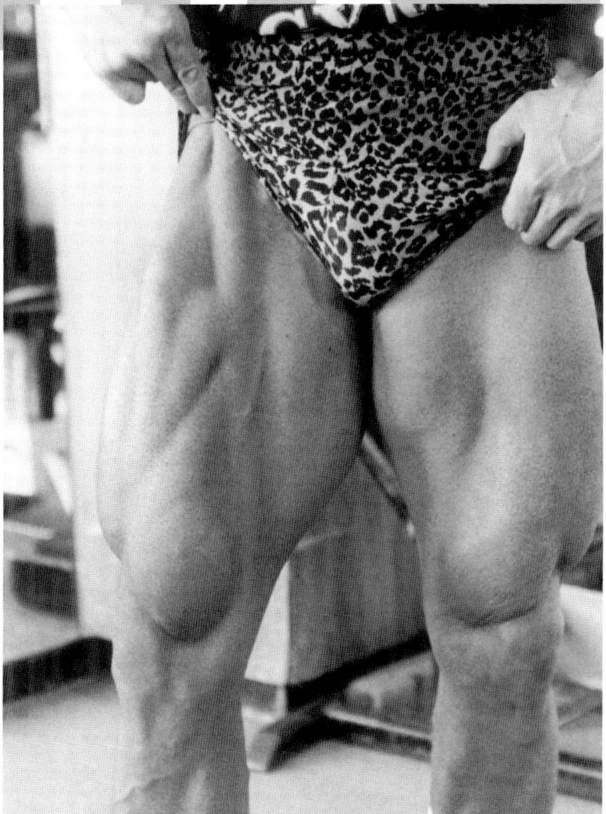

◆バーベル・スクワット

〈基本動作〉

足幅を肩幅かやや広めに開き、つま先方向を少し外側へ開いておく。バーベルは第7頸椎（首の後ろ側で骨が出っぱっている所）の下辺りで、僧帽筋全体で担ぐようにする。胸を張り、視線を真っすぐ前方において、ゆっくりとしゃがみ込んでいき、大腿部が床と平行になるまで降ろしたら、ワンクッションおかずにそのまま立ち上がる。立ち上がったら膝はロックせずに1、2秒呼吸を整え、次のレップに入る。

〈呼吸〉

吸いながらしゃがんで、吐きながら立ち上がる。中級者以上で重いウェイトを扱う場合は、しゃがみ込む前に息を思いっ切り吸い込み、動作中は息を止め、立ち上がると同時に息を吐く、という方法があるが、軽いウェイトを扱う初心者は前述の方法で良い。

〈注意点〉

①しゃがみ込む時、つま先方向に膝を開いていく。つま先は開いているのに、膝は前に出すようにしゃがんでいくと関節（膝・足首）に多大なストレスがかかり、痛める危険性が高い。X脚ぎみの女性に多く見られる。
②バーベルを乗せる位置が高すぎると、首や腰を痛める。
③ボトムポジション（しゃがみ込んだ位置）で、つま先より膝が前へ行かないように。つま先より膝が前へいくということは、重心がつま先中心にかかっているので、膝へのストレスが大きい。尻を突き出して、ウェイトを脚の裏全体で受けるようにする。
④逆に、膝がつま先よりかなり後ろにくることは、上体をかなり前傾させないと無理なので、この状態でのスクワットは腰への負担が大きくなる。
⑤立ち上がる時に、膝を絞り込まない。絞り込んで立ち上がると、外側広筋から負荷が抜けるだけでなく、関節へのストレスも大きい。
⑥立ち上がる時に視線を上へ向けない。重いウェイトを扱うとこうなりやすいが、視線を上へ向けると腰や首へのストレスが大きくなる。視線は前方もしくは斜め下辺りにおく。
⑦足首の堅い人は、かかとの下に適当な板を敷いて行うと動作がやりやすい。

〈効果〉

大腿四頭筋（特に外側上部）、臀部、大腿二頭筋、脊柱起立筋。

〈バリエーション〉

◎ワイドスタンスで行なう

肩幅の2倍位に足を開き、つま先をスタンダードのスクワットより外側に開いて行なう。大臀筋と内転筋への刺激が強くなる。基本動作はスタンダードのスクワットと同じだが、より内転筋に刺激を与えたい場合は、上体を立てて行なった方が良い。但し、この体勢はバーベルでは難しいのでワイドスタンスのスクワットは、スミスマシンを使うと行ないやすいようである。

◎ナロースタンスで行なう

肩幅より少し狭めにスタンスを取り、つま先は平行よりもほんの

スクワット

ワイドスタンス・スクワット

ナロースタンス・スクワット

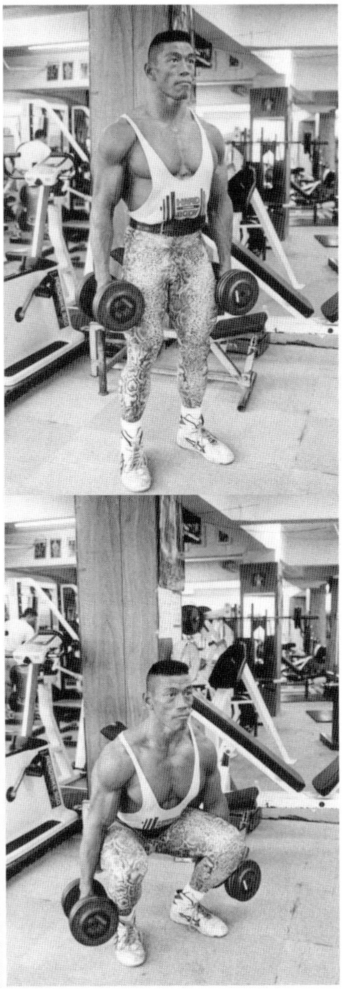

ダンベル・スクワット

少し開くと、大腿四頭筋に刺激が集中する。しゃがみ込んだ時につま先より膝が前へ出るが、かかとが上がりやすい（重心が前へ行く）ので、注意が必要。かかとの下に適当な厚さの板を敷いて行なうと、動作しやすい。

◆ダンベル・スクワット

〈基本動作〉

　両手にダンベルを持って、大腿部横に保持する。他の基本動作は、バーベルと同じなのでここでは省略する。

　この種目はスクワットラックのないホームトレーニーには良いが、通常のジムやスポーツクラブには大抵スクワットラックがあるので、バーベル・スクワットを行なった方が効果的である。現在のボディビル・トレーニングにおいては、ほとんど行なわれないようである。

〈呼吸〉

　しゃがみながら息を吸い、立ち上がりながら息を吐く。

〈注意点〉

①ダンベルが重くなると持っているのがきつくなるので、必ずストラップを用いて行なう。

②上体が前へいきやすい。また、ウェイトが左右に独立しているのでバランスも取りにくい。

〈効果〉

　大腿四頭筋、臀部、大腿二頭筋。

◆ベンチ・スクワット

〈基本動作〉

股の間にベンチを置いて行なうスクワット。基本動作はスタンダードのスクワットと同じだが、ベンチを置いているので可動範囲は当然狭くなる。

ボディビルダーはあまり行なわないが、高重量を安全に行なえるので、スポーツ選手の補強運動としては良い。また、膝を痛めているトレーニーが、高重量をパーシャルレンジ（狭い可動範囲）で行なう時にも安全で良いだろう。

ベンチ・スクワット

〈呼吸〉

吸いながらしゃがみ、吐きながら立ち上がる。

〈効果〉

大腿四頭筋、大腿二頭筋、臀部（但し大腿二頭筋と臀部はスタンダードなものより刺激は弱くなる）。

◆ジャンピング・スクワット

〈基本動作〉

まず、スタンダードのスクワットと同じ姿勢でスタートポジションをとり、大腿部が床と平行になるまでしゃがみ込む。そのポジションまできたら、間髪入れずにジャンプする。肩幅位のスタンスで着地したら、バランスを整えるためにワンクッションおいて、再びしゃがみ込む。

現在のボディビルトレーニングにおいてはあまりポピュラーな種目ではないが、脚部の瞬発力を必要とするスポーツの補強運動としては適している。

〈呼吸〉

吸いながらしゃがみ、ボトムポジションで

ジャンピング・スクワット

息を止めてジャンプし、着地したら息を吐く。

〈注意点〉
①ジャンプする時に、膝は曲げずに伸ばしておく。不必要に曲げると着地でバランスを崩しやすい。
②ジャンプするので、もちろん扱うウェイトは通常のスクワットよりかなり軽くなる。この種目は重いウェイトを扱うのが重要ではなく、いかに早くジャンプするかが大切である。

〈効果〉
大腿四頭筋、カーフ（腓腹筋、ヒラメ筋）、大腿二頭筋、臀部、脊柱起立筋。

◆シッシー・スクワット

〈基本動作〉
足幅を肩幅よりやや狭めに取り、つま先をやや開いておく。片手を肩の高さよりやや低い位の何かに掴まり、直立する。そこから膝を前へ突き出すようにしゃがみ込み、上体は逆に後方へ倒す。しゃがみ込みながらかかとはだんだんと上げていく。大腿部のストレッチ感が十分に感じ取れたら、降ろしてきたのと同じ軌道で立ち上がる。立ち上がったら膝はロックさせずに、再び次のレップに移る。
上級者は負荷を高めるために、上体の前にプレートなどを持って行なうが、初心者は持つ必要はないだろう。

〈呼吸〉
吸いながらしゃがみ、吐きながら立ち上がる。

〈注意点〉
①しゃがみ込みながら、尻を下へ落とさず、上へ保つようにする。尻を落とすと大腿部のストレッチ感が弱くなる。ボトムポジションでは、上体・腰・大腿部が大体一直線上にあることが望ましい。
②立ち上がる時に、手の力を借りないようにする。手は、あくまでもバランスを取るだけに止める。
③１種目めに重いウェイトを用いて行なわない。ストレッチ感が強く、膝への負担が大きいので、仕上げとして行なった方が良い。
④動作をゆっくりと行なう。この種目はバルクを付けると言うよりは、デフィニッションを得る種目と言えるので、筋肉のストレッチ感を感じ取ることが重要である。
⑤スタートポジションで緊張感を抜かない。
⑥重いプレートを持つ場合はベルトをして、その上に乗せて行なうと上体に無理な力が入らなくて良い。
⑦動作中は、臀部を締めておく。締めないと、大腿部（上部）のストレッチ感が甘くなる。

〈効果〉
大腿四頭筋、臀部（四頭筋のストレッチ度は一番強い種目である）。

◆バーベル・ハックスクワット

〈基本動作〉
つま先に重心をおきたいので、かかとの下に適当な板を敷く。足幅は肩幅かやや狭めにとり、つま先をやや開く。手の平を後ろに向けた状態でバーベルを握り、臀部の下に保持する。胸を張り、上体をなるべく前傾させないようにして、膝を突き出すようにしゃがみ込ん

シッシー・スクワット

で行く。大腿部が床と平行よりやや上までしゃがみ込んだら、再び立ち上がる。意識できる人は、立ち上がった時に膝をロックさせて四頭筋を思いっきり収縮させるが、意識できない初心者はロックさせない。

現在は、ハックスクワットのマシンが登場し、そちらで行なう方が意識しやすいので、バーベルで行なうのはまれである。

バーベル・ハックスクワット

〈呼吸〉

吸いながらしゃがんで、吐きながら立ち上がる。

〈注意点〉

①尻を突き出すが、上体を倒してしゃがまないこと。かかとの方に重心が行ってしまい、四頭筋から刺激が逃げてしまう。真下へしゃがんで、真上へ上がるような感じで動作する。
②大腿部よりも先に前腕が疲れてしまうので、ストラップを使用した方が良い。
③あまり大きなプレートをつけると、十分しゃがみ込む前にプレートが床についてしまうので、小さなプレートを使用した方が良い。

〈効果〉

大腿四頭筋（特に膝の上）。

◆フロント・スクワット

〈基本動作〉

鎖骨と両肩の上にバーベルを乗せ、手をクロスさせてバーベルを持ち、肘を肩の高さまで上げておく。その他の基本動作はバーベル・スクワットと同じだが、上体をそれほど前傾できないので、しゃがみ込んだ時、膝はつま先より前へ出る。立ち上がったら、なるべく膝はロックさせて四頭筋を収縮させるが、意識できない初心者はロックさせなくても良い。

〈呼吸〉

吸いながらしゃがんで、吐きながら立つ。

〈注意点〉

①肘を降ろしてしまうと、動作中にバーベル

フロント・スクワット

がずれ落ちる危険があるので、肘はしっかり上げておく。
②つま先に重心が行きやすいが、あくまでも重心は足の裏全体におく。かかとの下に適当な板を敷いて行なうと、動作がやりやすい。

〈効果〉
大腿四頭筋（特に膝の上）、臀部と大腿二頭筋はスタンダードのスクワットよりも刺激が薄くなる。

◆ジェファーソン・スクワット

〈基本動作〉
肩幅よりやや広いスタンスでバーベルをまたいで立つ。この時つま先は外側を向けておく。オルタネイトグリップでバーベルを握り、上体は左右どちらかにひねっておく。胸を張り、上体を直立させたまま、バーが鼠蹊部（そけいぶ）に着くまで立ち上がる。そして、元の位置までゆっくりと戻す。
スミスマシンを用いたワイドスタンス・スクワットと同じ効果があり、スミスマシンを用いた方が意識しやすく、かつ効果も高いので、現在はあまりポピュラーな種目ではないようだが、スミスマシンのないホームトレーニーには、行なう価値はある。

〈呼吸〉
吸いながら降ろして、吐きながら上げる。

〈注意点〉
①プレートが床に着くまでしゃがみ込まない。緊張感が抜けるので、一歩手前で止めること。
②上体を前傾させて動作しない。前傾させると内転筋から臀部に刺激が移行してしまう。
③立ち上がる時に、膝を絞らない。内転筋から刺激が抜けてしまう。

〈効果〉
内転筋、大腿四頭筋上部、臀部、大腿二頭筋。

◆フロント・ランジ

〈基本動作〉
この種目はバーベル、ダンベルどちらを用

ジェファーソン・スクワット

フロント・ランジ

いても行なうことはできるが、バーベルの方がよりポピュラーなので、ここではバーベルのフロント・ランジを説明する。

スクワットと同じようにバーベルを背中に担ぎ、スタンスを肩幅位にとって直立する。片足を大股で一歩前へ踏み出し、そのままゆっくりと前脚の膝を曲げていく。後ろ脚の膝は軽く曲げ、ボトムポジションでは、膝が床より10cm位上にあるようにする。ワンクッションおかずに、そのまま元の直立姿勢に戻り、次は逆の脚を踏み出す。

〈呼吸〉

吸いながら降ろし、吐きながら戻す。

〈注意点〉

①重心は前足におくが、つま先より膝が前へ出るまでしゃがみ込まない。ここまでしゃがむと膝へのストレスが強まり、危険である。膝とつま先が揃うまでで良い。また、しゃがんだ時に、前足のかかとは浮かせない。
②動作中、上体はなるべく直立させておく。
③この種目もバルクを目的としたものではなく、脚部（四頭筋）のカット出しを目的とした種目なので、高重量を扱う必要はない。
④踏み出した方の足先は真っすぐ前を向けるように。

〈効果〉

大腿四頭筋（特に股の付け根）、臀部、大腿二頭筋。踏み出す足幅が狭いと大腿四頭筋、広くすればするほど臀部と大腿二頭筋に刺激が移行する。

◆サイド・ランジ

〈基本動作〉

フロント・ランジのように、バーベルを背中に担いで直立する。片足を真横に大きく踏み出し、ゆっくりとかかとが浮く一歩手前まで深く膝を曲げる。この時、残した方の脚の膝は伸ばしておく。元の位置へ戻り、もう一歩の脚を行なう。

この種目は、内転筋及び股関節諸筋群の柔軟性を養うのに適しているので、これを必要としているスポーツ選手には適しているが、ボディビルダーにはあまりポピュラーとは言えない。

〈呼吸〉

フロント・ランジと同じ。

〈注意点〉

①上体は動作中常に直立させるように努め、また左右どちらにもひねらないように。
②横に出した脚のかかとは浮かさないように。浮いてしまうと、内転筋からストレッチ感が抜けてしまう。
③股関節の堅い人は、十分にストレッチを行なってから開始すること。

〈効果〉

大腿四頭筋（特に内転筋）、臀部、大腿二頭筋。

◆45度レッグプレス

〈基本動作〉

背もたれの角度が調節できるマシンは45度

サイド・ランジ

前後に設定し、臀部から背中がぴったりつくようにポジショニングする。次に、肩幅よりやや狭い足幅で、ボトムポジションでかかとが浮かないような位置に足をおく。つま先はやや外側。一旦プラットホームを持ち上げてロックを外し、ゆっくりとつま先方向に、膝を割るような感じで降ろす。胸に大腿部が着く一歩手前まで降ろしたら、元の位置まで押し上げる。スタートポジションでは、膝はロックさせずに大腿部の収縮感を感じ取り、次のレップに入る。

〈呼吸〉
吸いながら降ろして、吐きながら上げる。

〈注意点〉
①臀部が背もたれから浮くまで深く降ろさない。腰に負荷がかかり、危険である。
②上げる時に膝を絞らない。絞ると外側広筋から内側広筋に刺激が移行する。降ろす軌道と上げる軌道は、同じでなければいけない。
③上げる時に背中を反り過ぎない。高重量を扱うと、胸を張り背中の部分にアーチを作って上げようとする傾向が強いが、腰を痛める危険性が高くなる。胸は軽く張る程度で、上半身にはできるだけ力を入れないようにすべきである。また、顔を上へ向けて上げない。上げる時は逆に顎を引く。
④スタートポジションで、膝をロックさせない。上級者は時に膝をロックさせて収縮感を強める事もあるが、初心者は意識ができないのでロックさせるとかえって刺激が抜けてしまう。
⑤ボトムポジションでバウンドさせて上げない。刺激が抜ける上に、膝への負担が高まり危険である。

〈効果〉
大腿四頭筋、臀部、大腿二頭筋。

〈バリエーション〉
◎ワイドスタンスで行なう。
プラットフォームの大きさにもよるが、大体プラットフォームから足が半分出る位のスタンスを取る。つま先も外側へ思いっきり開

45度レッグプレス

き、その方向に膝を割って降ろして行く。通常の動作より、内転筋に強く効かせることができる。
◎足の置く位置を変える
プラットホームの上へ足を置くと、臀部、大腿二頭筋に強く効く。プラットホームの下へ足を置くと、可動域が狭くなり、より四頭筋に強く効く。ボトムポジションでは多少かかとを浮かせる。

◆垂直レッグプレス

〈基本動作〉
プラットフォームの真下に腰がくるようにあおむけに寝る。あおむけに寝る位置にマットパッドが備え付けてあるマシンは、高くなっている方に腰がくるようにする。次に、足幅を肩幅位に開き、つま先はやや外側に開いておく。一端、プラットフォームを押し上げロックを解除して、ゆっくりと降ろしてくる。多少臀部が浮く所まで降ろしたら、そのまま元の位置まで押し上げる。膝はロックさせずに大腿部を意識し、次のレップに移る。

〈呼吸〉
45度レッグプレスと同じ。

〈注意点〉
ほとんど45度レッグプレスと同じなので、ここでは省略する。

〈効果〉
大腿四頭筋、臀部、大腿二頭筋。但し、45度レッグプレスより臀部、大腿二頭筋にかかる負荷は強くなる。

◆シーテッド・レッグプレス

〈基本動作〉
現在、このシーテッド・レッグプレスのマシンは様々な種類が登場している。例えば、フットペダルが左右独立しているものもあれば、一つにつながっているもや、そのフットペダルが小さな足型のものもあれば、スタンスの広さを変えられるように大きなボードになっているものもある。ここでは、一番ポピュラーと思われるユニバーサルマシンのレッグプレス・マシンで説明していく。

まず、スタートポジションで大腿部が腹に着くようにシートの位置を設定する。次に、シートに背中と臀部をぴったりつけて座り、足の指の付け根辺りに重心がくるように、フットペダルに足を置く（足の半分くらいはフットペダルから出ている）。この時の足は平行に保つ。そのまま真っすぐペダルを押し、

シーテッド・レッグプレス

ゆっくりと元の位置へ戻す。フィニッシュで膝はロックさせないが、四頭筋の収縮が意識できる人はロックさせても良い。

〈呼吸〉
45度レッグプレスと同じ。

〈注意点〉
ほとんど45度レッグプレスと同じなので、ここではこのマシンのみに言える注意点を挙げておく。
①上体が浮きやすいので、ある程度強くグリップを握っておく。
②上体をブラして動作しない。ネガティブ動作で上体が後ろへ行きやすくなり、大腿四頭筋から臀部・大腿二頭筋に刺激が移行してしまう。ネガティブの時に多少上体を前傾させると、四頭筋に負荷がかかりやすい。
③刺激が抜けてしまうので、ウェイトスタックが着くまで戻さない。

〈効果〉
大腿四頭筋、臀部、大腿二頭筋（但し、45度レッグプレスより大腿四頭筋に強く効く）。

◆レッグ・エクステンション

〈基本動作〉
膝の裏側がシートに密着するように背もたれを調節し、臀部に隙間ができないよう深く腰掛ける。背もたれのないマシンでは、上体を直立に保っておく。次に、ローラーパッドが足首にかかるように調節し、シートの横あるいはグリップを握って上体を固定させる。ゆっくりと脚を伸展させ始め、徐々にスピードをつけて、フィニッシュでは膝を伸ばしきって、思いっきり四頭筋を収縮させる。1秒程度収縮させたら、ゆっくりと元の位置へ戻す。

〈呼吸〉
伸展させながら息を吐き、戻しながら息を吸う。

〈注意点〉
①つま先は常に少し外側へ開いておき、膝も少し開くような感じにしておく。膝を締めて

レッグ・エクステンション

動作すると、大腿四頭筋全体の収縮感が弱まってしまう。
②始めからスピードをつけてパッドを上げない。始めからスピードをつけてしまうと足首からパッドが離れやすくなり、負荷が逃げてしまう。初速はゆっくりで、徐々に加速をつけて行くように動作する。
③ウェイトスタックがつくまで戻さない。最近のマシンはスタートポジションでウェイトスタックが着かないように、あらかじめ調節できる。
④足を底屈させて（つま先を伸ばす）動作しない。四頭筋よりもカーフに効いてしまう。どちらかと言うと背屈（つま先を返す）させて動作する。

〈効果〉
大腿四頭筋（特に膝上）。

〈バリエーション〉
背もたれのないマシンは上体の角度によってバリエーションをつけることができる。上体を後ろへ寝かせれば寝かせるほど、膝上から付け根（大腿直筋）の方に刺激が移行する。

◆ハックスクワット

〈基本動作〉
まず、プラットフォームの角度が調節できるマシンは、背もたれとの角度が90度になるように調節する。次に、足幅を肩幅よりやや狭めにとり、つま先を少し開いて体より一歩前に置く。パッドを両肩に当て、一端持ち上げてからロックを解除する。大腿部がプラットフォームと平行かやや下になるまでゆっくり降ろしたら、元の位置まで立ち上がる。降ろす時は徐々にかかとが浮くようにし、立ち上がりながら、逆にかかとはつけていく。立ち上がったら、膝はロックさせ四頭筋をワンクッション収縮させて、次のレップに入る。

〈呼吸〉
吸いながら降ろして、上げながら吐く。

〈注意点〉
①ストレッチ感を強めようとして、あまり深くしゃがみ込まない。逆に刺激が抜けてしま

ハックスクワット

う。刺激が抜けるポイントというのがあるので、始めは軽い重量で把握しておく必要がある。
②上げる時に背もたれから背中を離さない。腰に負荷がかかってしまう。また、顔を上に向けて上げない。首を痛める危険がある。上げる時は、顔は下を向いておく。
③スタートポジションでは、膝をロックさせて四頭筋を収縮させるが、あまり長すぎると逆に刺激が抜けてしまう。

〈効果〉
　大腿四頭筋（特に膝上と外側に強く効く）。

〈バリエーション〉
◎足を体の真下におく。
　可動域が広くなるので、よりストレッチ度が強くなる。ただし、ある程度膝上の筋肉が発達したトレーニーでないと膝を痛める危険性が高い。扱う重量は当然軽くなる。
◎足を体より2歩前に置く。
　四頭筋のストレッチ度は弱まるが、その分臀部、大腿二頭筋の関与が強まる。また、大腿四頭筋の中央部まで刺激することができる。

◆ライイング・レッグカール
〈基本動作〉
　膝がシートの端から出るようにうつ伏せになる。パッドがアキレス腱のかかとの付け根にくるように調節する。普通のスピードでパッドを巻き上げ、パッドが臀部につく一歩手前で止め、ワンクッションおいて、ゆっくりと元の位置へ戻す。

〈呼吸〉
　巻き上げながら吐いて、降ろしながら吸う。

〈注意点〉
①終始胸を張り、顔を前へ向けておく。背中が丸まると臀部が浮きやすくなり、収縮感が弱まる。
②フィニッシュで臀部にパッドを当ててバウンドさせない。また、戻した時に膝を伸ばし切らない。どちらも刺激が抜ける。
③足を底屈させて動作させない。カーフに刺激がいってしまう。どちらかというと背屈させて動作をすると大腿二頭筋に意識しやすい。
④つま先方向をやや開いて動作させると、収縮感が強いようである。

ライイング・レッグカール

〈効果〉
　大腿二頭筋、半膜様筋、半腱様筋。

◆スタンディング・レッグカール
〈基本動作〉
　このマシンに関しては、現在タイプの異なったマシンが数種類登場している。例えば片足でできるタイプ、両足でできるタイプ、片膝をパッドに乗せるタイプ、乗せないタイプ、また上半身を固定できるタイプ、できないタイプなどである。ここでは、わたしの所属する中野ヘルスクラブにあるスタンディング・レッグカール・マシンで説明したい。
　まず、所定のパッドの上に片膝を置き、もう一方の脚はアキレス腱にカーリングパッドを当てる。次に、上体を固定する為のパッドに両肘を置いて、背筋を伸ばして胸を張る。そのままの姿勢で、パッドが臀部につく一歩手前まで巻き上げる。収縮感を感じ取ったら、そのままゆっくりと元の位置へ戻す。

スタンディング・レッグカール

〈呼吸〉

ライイング・レッグカールと同じ。

〈注意点〉

①巻き上げる時には上体のあおりを使わない。この種目は重いウェイトを扱うというよりは、収縮感を感じ取ることが大切である。上体は極力動かさないで動作せるべきである。

その他に関しては、ライイング・レッグカールと同じなのでここでは省かせていただく。

〈効果〉

大腿二頭筋、半膜様筋、半腱様筋（片足ずつできるので、ライイングよりも意識しやすい）。

◆シーテッド・レッグカール

〈基本動作〉

大腿二頭筋がシートに乗らないように浅く腰掛け、ストッパーをかける。背筋を伸ばし、膝を伸ばし切った位置から、巻降ろせる所までパッドをカールしてくる。収縮感を感じ取ったら、ゆっくりと元の位置へ戻す。

〈呼吸〉

ライイング・レッグカールに同じ。

〈注意点〉

①大腿二頭筋がシートに乗るまで深く腰掛けてしまうと、パッドを十分にカールできないので、収縮感が弱まる。

②スタートポジションでは、膝は伸ばしきって良いが、ウェイトスタックがついてしまうようなマシンはその一歩手前で止めるようにする。

その他に関しては、ライイング・レッグカールと同じ。

〈効果〉

大腿二頭筋（特に膝裏に近い部分に強く効く）。半膜様筋、半腱様筋。シーテッドなので腰への負担が全くない。初心者には向いている。臀部に近い部分はあまり効かない。

◆スティッフレッグド・デッドリフト

〈基本動作〉

スティッフレッグド・デッドリフト

肩幅より狭くスタンスを取り、バーベルを肩幅位にとって、オーバーグリップで握る。体が柔らかくプレートをつけなくても手が床についてしまう人や、20kgプレートをつけて行う人は、台の上に乗って行った方が良い。胸を張って背筋を真っすぐ伸ばし、膝を少し曲げてバーベルを保持する。そこからバーが大腿部に触れるか触れないかの軌道で降ろしていく。この時に尻を突き出すような感じで、重心をかかとにおき、視線は前方を向けておく。バーを踝（くるぶし）の辺りまで降ろしたら、ゆっくりと同じ軌道で元の位置まで上げる。

〈呼吸〉
　吸いながら降ろして、吐きながら上げる。

〈注意点〉
①背筋が丸まらないように。特に降ろす時に意識が必要。背中が丸まると、大腿二頭筋と臀部のストレッチ感が抜けてしまう。
②バーの軌道が大腿部から離れると大腿二頭筋と臀部のストレッチ感が抜ける。
③つま先方向に重心が行くと、腰への負担が大きくなる。つま先に5cmくらいの板を敷いて動作すると、かかとに重心が行きやすい。
④膝をロックさせて動作すると、大腿二頭筋下部（膝の裏側）に刺激が集中し、大腿二頭筋全体と臀部のストレッチ感が甘くなる。膝は曲げ過ぎてもストレッチ感が甘くなるので、ロックさせる一歩手前くらいで良い。
⑤バーを上げる位置は、上体が多少前傾しているところで止める。初心者が、上体を垂直まで戻してしまうと緊張が抜けてしまう場合が多い。

〈効果〉
　大腿二頭筋、臀部、脊柱起立筋

◆インナーサイ・ウィズ・パートナー

〈基本動作〉
　床に仰向けに寝て、足を揃えて膝を90度くらいに曲げて立てておく。パートナーに大腿部の内側広筋辺りを持ってもらい、ゆっくりと股を割るように押してもらう。開けるところまで開いたら、負荷をかけてもらいながら、

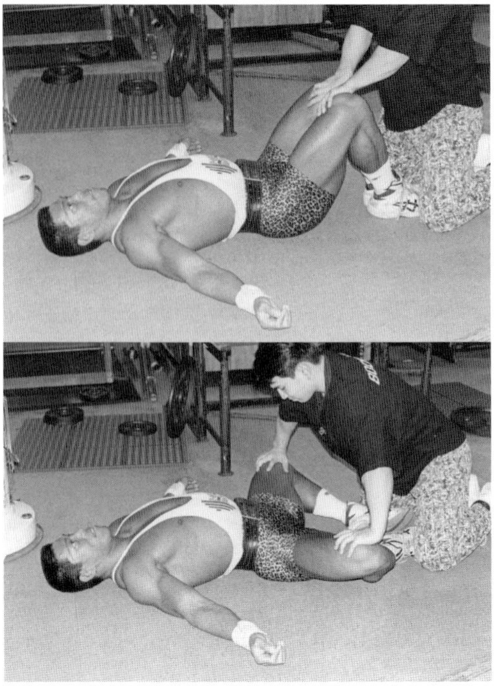

インナーサイ・ウィズ・パートナー

ゆっくりとパートナーの手と手がつくまで閉じる。閉じきったら休みを入れず、すぐに次のレップに入る。

〈呼吸〉
　吸いながら開いて、吐きながら閉じる。

〈注意点〉
①上体にはできるだけ力を入れないで動作する。後頭部や胸の上で手を組むと上体に力が入りやすいので、床に置くようにする。
②パートナーはトレーニーの動作が止まらないように、一定の負荷をかけなくてはならない。パートナーには初心者よりも熟練者の方が良いだろう。
④ネガティブ（膝を開く）の時に、思いっきり抵抗してはならない。どちらかというとポジティブを重視して動作した方が、内転筋には効果がある。
④この種目は強い負荷をかけて低回数で行うものではない。20回前後レップスを繰り返す必要はある。

〈効果〉

内転筋、縫工筋。

◆ケーブル・インサイドキック

〈基本動作〉

ケーブルマシンに対して横向きになり、マシンに近い方の足首にロープーリーにつながっているベルトを巻く。上体を垂直に保ち、軸足の膝は軽く曲げておく。動作する方の脚を外側 45 度位に開き、そこをスタートポジションとするが、この時ウェイトスタックがつかないように、あらかじめポジショニングしておく。そこからゆっくりと脚を閉じていき、下腿部が少し交差するところで止める。動作する方の膝は、閉じていくに従い多少曲げて行く。ワンクッションおいてから元の位置へ戻す。片脚が終わったら、逆を向いてもう一方の脚を同じレップス行なう。

ボディビルダーがこの種目を行なうことはまれである。なぜならインナーサイ・ウィズ・パートナーの方が可動域が広く、ストレッチ感が強いからだ。ただ一般の女性がインナーサイ・ウィズ・パートナーを行なうことは、やや抵抗が生じると思うので、こちらの種目を代わりにしても良いだろう。また、パートナーがいない時に行なうのも良いと思われる。

〈呼吸〉

吐きながら閉じて、吸いながら開く。

〈注意点〉

①膝を伸ばしたまま動作させると、大腿四頭筋に刺激が移行してしまう。

②腰を回転させて動作しない。上体及び腰は常に前方を向けたまま動作する。

③この種目も高重量を扱う種目ではない。軽いウェイトを用いて、収縮を重視して行なう。

④上体を傾けない。動作中は常に直立を保つ。上体を動かしたところで収縮感やストレッチ感は変わらず、逆に意識が逃げてしまう。上体を一定に保つ為に、何かに掴まって動作した方が良い。

⑤内転筋から刺激が抜けるので、足首に力を入れない。

〈効果〉

ケーブル・インサイドキック

ケーブル・アウトサイドキック

内転筋、縫工筋。

◆ケーブル・アウトサイドキック

〈基本動作〉

ケーブルマシンに横向きになる。マシンに遠い方の足首にロープーリーについているベルトを巻く。脚が多少交差したところをスタートポジションとし、腰を回転させない範囲で、脚が上がるところまで上げる。収縮し切ったらワンクッションおいて、ゆっくりと元に位置へ戻す。

〈呼吸〉

吐きながら上げて、吸いながら戻す。

〈注意点〉

①上体を傾けて脚を上げない。上体を終始直立を保つ。上体を傾けると、大臀筋の収縮感が弱まる。

その他に関しては、ケーブル・インサイドキックと同じ。

〈効果〉

大臀筋、中臀筋。

ハイパーバック・エクステンション

◆ハイパーバック・エクステンション

〈基本動作〉

小さなパッドに足首を引っかけ、大きなパッドに骨盤全体を乗せておく。膝は多少曲げておき、手は後頭部か胸の前で組んでおく。そして、上体が床に対し45度くらいになるまで折り曲げて、そこで保持し、上体が床と平行より少し上になるくらいまでゆっくりと上げる。そのままゆっくりと元の位置まで戻る。

〈呼吸〉

吐きながら上げて、吸いながら戻す。

〈注意点〉

①膝はロックさせない。ロックさせると大腿四頭筋に刺激が移行する。

②上体を90度近くまで降ろさない。臀部、大腿二頭筋から刺激が抜けてしまう。

③初心者は、上体を上げ過ぎないように。腰を痛める危険がある。

〈効果〉

大臀筋、大腿二頭筋、脊柱起立筋。

◆アダクション

〈基本動作〉

マシンのシートに腰掛け、パッドを当てる。アダクションとアブダクションの2つが行えるマシンでは、パッドが大腿部の内側に当たるように調節する。ゆっくりとパッドがつくまで閉じて行き、ワンクッションおいてから元の位置まで戻す。

インナーサイ・ウィズ・パートナーよりもストレッチ感が弱い。

〈呼吸〉

インナーサイ・ウィズ・パートナーと同じ。

〈注意点〉

①ウェイトスタックが付くまで脚を開かない。

②パッドの位置が変えられるマシンでは、パッドが内側広筋に当たるように調節する。あまり脚の付け根の方に当てると負荷が弱まる。

③グリップを強く握って、上半身に力を入れ

ないように。
④高重量を低回数行なうのではなく、20回くらい繰り返せる重量で行なう。

〈効果〉
内転筋、縫工筋（ほうこうきん）。

◆アブダクション
〈基本動作〉
マシンに腰掛け、パッドが外側広筋下部に当たるように調節をする。ゆっくりと開いて行き、大臀筋の収縮感が感じ取れたら、ワンクッションおいて元の位置まで戻す。

〈呼吸〉
吐きながら開いて、吸いながら戻す。

〈注意点〉
アダクションと同じ。

〈効果〉
大臀筋。

◆ケーブル・フロントキック
〈基本動作〉
足幅を肩幅くらいに開いて、マシンを背にして立ち、足首にロープーリーにつないだベルトを巻く。ベルトを巻い方の脚をもう一方の脚より後方へ引き、そこをスタートポジションとする。この時膝は軽く曲げておき、足は床に触れないようにしておく。また、脚を後方へ引いた時、ウェイトスタック同士がつかないように、立つ位置をあらかじめ決めておく。その位置から前方へ真っ直ぐ脚を上げる。膝が曲がらない範囲内で出来るだけ上に足を上げ、ゆっくりと元の位置へ戻す。

〈呼吸〉
吐きながら上げて、吸いながら戻す。

〈注意点〉
①上体は終始垂直に保って動作する。片手を何かに掴まらせて動作をすると、上体をぶらさずに動作が出来る。
②膝をロックさせて動作をしない。大腿四頭筋に刺激が移行してしまう。膝は軽く曲げて動作をする。しかし、曲げすぎても収縮感が弱まってしまう。
③脚を蹴り上げない。この種目は重いウェイトを扱うより、軽いウェイトでゆっくりとした動作で効かせるべきなので、上体をブラしてチーティングを使ってまで重いウェイトを扱う必要はない。20レップスは繰り返せるウェイトを使う。
④足首にはできるだけ力を入れないで動作する。

〈効果〉
大腿直筋、縫工筋（ほうこうきん）。

◆ケーブル・バックキック
〈基本動作〉
スタンスを肩幅くらいに開いて、マシンに向かって立つ。この時上体は多少前傾させておく。ロープーリーにつないだベルトを片足首に巻き、軸足より少し前におく。この時、ベルトを巻いている脚の膝は少し曲げておき、

ケーブル・フロントキック

足は床に触れないように保つ。そこから真後ろにゆっくりと脚を上げるが、背中をやや後ろに反るようにすると、臀部の収縮感が強まる。臀部の収縮感が感じ取れたら、ゆっくりと元の位置へ戻す。

ハイパーバック・エクステンションよりストレッチ感が弱い。

〈呼吸〉

吐きながら上げて、吸いながら戻す。

〈注意点〉

①膝の角度は終始一定に保って動作する。脚を後ろへ高く上げようとすると膝が曲がりやすいが、膝が曲がると臀部の収縮感が弱まる。膝を軽く曲げた範囲内でできるだけ高く上げれば良い。
②逆に膝をロックさせて動作をすると、大臀筋より先に大腿四頭筋に効いてしまう。
③この種目も何かに掴まって動作した方が、意識がしやすいだろう。
④この種目も収縮を重視するので、20レップスを繰り返せる重量を扱うこと。

〈効果〉

大臀筋。

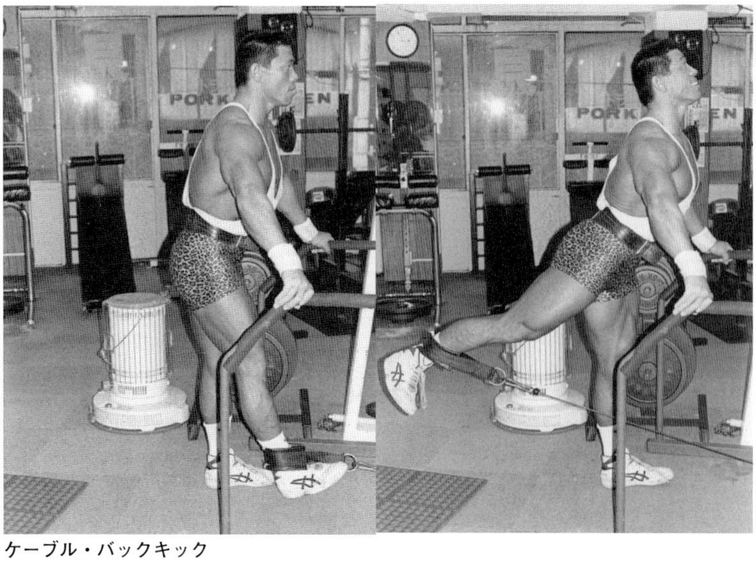

ケーブル・バックキック

BACK

第3章
背中のトレーニング

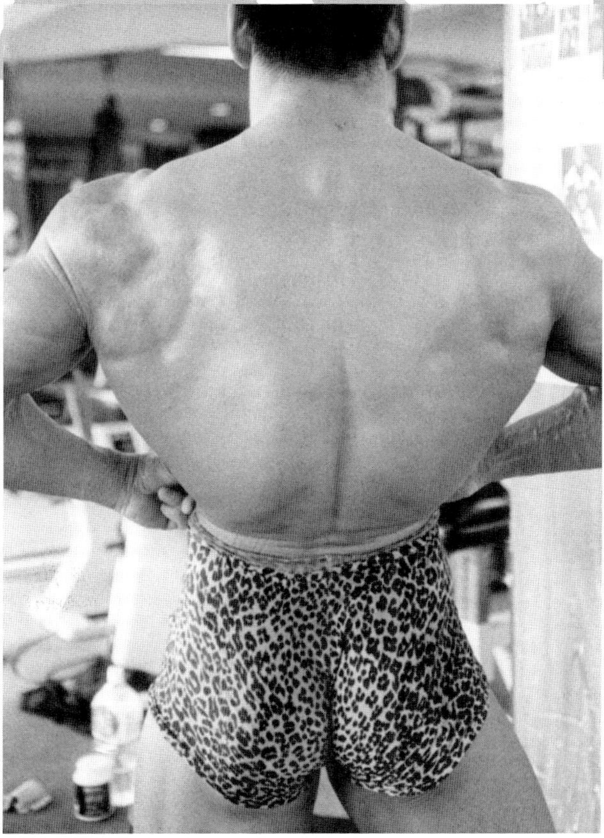

◆バーベル・ベントロー

〈基本動作〉

バーベルを肩幅より握りこぶし1個程度の間隔を開けて、オーバーグリップで握る。足は肩幅位に開いて立ち、上体を床と水平より30度前後立てて構える。この時、膝は多少曲げておく。その姿勢のまま、バーベルをみぞおち辺りに、脇を締めながら引いてくる。体にバーベルが触れたら、ワンクッションおいてゆっくりと元の位置へ戻す。

初心者には難しい種目だが、バーベルを引く時に、胸を突き出し肩甲骨を寄せ、戻しながら肩甲骨を開いていくような感じで動作すると、意識しやすいだろう。

〈呼吸〉

バーを引きながら吐いて、戻しながら吸う。

〈注意点〉

①腰へのストレスが強いので、膝を伸ばしたまま動作すると痛める危険性がある。大腿二頭筋のストレッチ感を感じるように膝を曲げると、ストレスを逃がすことが出来、動作もやりやすい。

②バーベルを戻した時、腕だけを下に降ろす人が多い。これだと三角筋後部や腕の運動になり、広背筋がストレッチされない。肩ごと下に降ろすような感じでバーベルを戻すと良い。また、猫背になったままでバーベルを降ろすと、腰を痛める危険性が高いので、胸は終始張ったまま動作する。

③バーベルを引いた時に、上体も一緒に高く上げてしまわないようにする。上体を高く上げてしまうと、脊柱起立筋に刺激が移行してしまうので、上体の角度は一定に保ったまま動作する。

④バーベルを引く位置があまり高すぎる（みぞおちより上）と上腕二頭筋や三角筋後部の参加する割合が高くなる。引いた時に肘の角度が90度以上になると、上腕二頭筋の関与が強くなる。

⑤肘を開いてバーベルを引かない。三角筋後部や僧帽筋に刺激が移行する。

〈効果〉

広背筋、脊柱起立筋、菱形筋（りょうけいきん）。

〈バリエーション〉

◎ワイドグリップで行なう

バーベルを肩幅より握りこぶし2個程度開けて握る。みぞおちよりやや上へ引いてくる。上部広背筋のストレッチが強くなり、広がりがつきやすい。

◎アンダーグリップで行なう

バーベルを肩幅位の間隔でアンダーグリップで握る。へその辺りへ引いてくる。上体の角度は、水平より45度位立てて動作する。下部広背筋の収縮感が強まる。

バーベル・ベントロー

ツーハンズ・ダンベルロー

◆ツーハンズ・ダンベルロー

〈基本動作〉

両手にダンベルを握り、ハの字になるように構える。その他の姿勢、動作はバーベル・ベントローに類似する。

両手のバランスが取りにくいので、あまりポピュラーではない。

〈呼吸〉

上げながら吐き、戻しながら吸う。

〈効果〉

広背筋、脊柱起立筋、菱形筋。

◆ワンハンド・ダンベルロー

〈基本動作〉

多少角度を付けたフラットベンチに、片膝と片手を着き、もう一方の手でダンベルを握る。背中の角度をベンチと平行に保ち、肩を落とした状態でダンベルを保持する。そこからみぞおち辺りをめがけて、肘を締めながら引いてくる。ワンクッションおいてから、元の位置へゆっくりと戻す。バーベル・ベントローより広背筋下部の収縮感が強い。

〈呼吸〉

バーベル・ベントローと同じ。

〈注意点〉

①ダンベルを降ろす時に、腰を回転させない。こうすると広背筋はストレッチされない。どちらかと言うと、腰は逆に反発するようにしてダンベルを降ろす。

②肘を突き上げてダンベルを引かない。肘は体側まで引けば十分である。それ以上引いても、三角筋後部に効果があるだけ。また肩が上がって僧帽筋が収縮してもいけない。

③体を開いて（腰を回転させて）ダンベルを上げない。可動範囲を広げようとして行なう人が多いが、逆に収縮感は弱まってしまう。

④肩を落としてストレッチ感を強めるが、ストレッチ感が抜ける所までダンベルを下ろさない。猫背になると抜けやすいようである。

〈効果〉

広背筋、菱形筋（バーベル・ベントローより可動範囲が広くなる）。

◆プローンベンチ・バーベル・ベントロー

〈基本動作〉

角度の緩やかなインクラインベンチに、顔がベンチの端から出るようにしてうつ伏せになる。この時両足は床に置く。次に、バーベルを肩幅より握りこぶし１個程度広く握り、ベンチの下に保持する。そ

ワンハンド・ダンベルロー

プローンベンチ・バーベル・ベントロー

こからみぞおち辺りをめがけ、肩甲骨を寄せながらバーベルを引いてくる。ワンクッションおいてから元の位置へゆっくりと戻す。

腰への負担がほとんどないので、腰の悪い人には適しているが、可動範囲が狭いので、ケガのないトレーニーには向いていない。

〈呼吸〉

上げながら吐いて、降ろしながら吸う。

〈注意点〉

①プレートが床に着くまで戻さない。

その他はバーベル・ベントローと同じ。

〈効果〉

広背筋、菱形筋（りょうけいきん）（バーベル・ベントローより重量は軽くなり、収縮重視の種目である）。

◆Tバーロー

〈基本動作〉

握りこぶし1個程度の間隔でバーを握り、つま先にバーがくるように立ち位置を決める。上体を45度程度立てて構え、膝は多少曲げて、ハムストリングスにストレッチ感を感じるようにする。その姿勢を保ったまま、脇を締め、肩甲骨を寄せながらバーを引き上げる。バーが体に触れたらワンクッションおいて元へ戻す。

〈呼吸〉

バーベル・ベントローと同じ。

Tバーロー

〈注意点〉

①ストレッチ感が甘くなるので、バーを戻した時に、一緒に上体を倒さない。上体は終始一定に保ち、戻す時は胸を張ったまま広背筋を引っ張らせる。

②逆にバーを引いた時に上体を立てない。あまり高くすると脊柱起立筋に刺激が移行する。

〈効果〉

広背筋、菱形筋（りょうけいきん）、脊柱起立筋（バーベル・ベントローより広背筋の収縮感が強く、広背筋上部のストレッチ感は弱い）

〈バリエーション〉

バーが広いマシンは、手幅によってバリエーションをつけることが出来る。引く位置が変わるに従い、立ち位置も変わる。効果はバーベルと同じだが、ストレッチ感はバーベルより強い。

◆フロント・チンニング

〈基本動作〉

チンニングバーに、肩幅よりこぶし1個半程度広く握り、肘を軽く曲げてぶら下がる。この時、膝を少し曲げ足を組んでおくと、下半身に力が入りにくいようである。胸を張ったまま、バーがあごを越える位まで引き上げたら、ワンクッションおいて元の位置へゆっくりと戻す。

〈呼吸〉

上げながら吐いて、降ろしながら吸う。

〈注意点〉

①腕への刺激が強くなるので、真っすぐ体を上げない。バーに胸を付けるような感じで引き上げると、背中に効く。

②戻した時に肘を伸ばしきらない。初心者は脱力して、広背筋などから緊張が抜けてしまいがちである。上級者においては、肘を伸ばしきっても力が抜けないので、伸ばしきっても良い。

③終始胸を張って動作する。特に降ろす時は胸を張って、ゆっくりとネガティブをかけると、刺激が抜けにくいようである。また戻す時は、肩甲骨を広げる事を意識す

フロント・チンニング

ビハインドネック・チンニング

パラレルグリップ・チンニング

るように。

〈効果〉
広背筋上部、大円筋。

◆ビハインドネック・チンニング

〈基本動作〉
手幅、及びスタートのポジション・姿勢はフロントと同じである。バーを首(後頭部) につけるよな感じで肩甲骨を寄せて、体を引き上げる。引ききったらワンクッションおいて、ゆっくりと元へ戻す。

〈呼吸〉
フロントと同じ。

〈注意点〉
①引ききった時に猫背になって、肩甲骨を寄せていない人が多い。胸を張って肩甲骨を寄せることに意識する。

〈効果〉
広背筋上部、菱形筋(りょうけいきん)、大円筋、僧帽筋下部（フロントより広背筋上部の収縮感が強い）補助筋：三角筋後部、上腕二頭筋。

◆パラレルグリップ・チンニング

〈基本動作〉
パラレルグリップで握り、肘を少し曲げてぶら下がる。胸を張ったままバーを胸下部につけるような感じで、脇を締めながら上げる。ワンクッションおいて元へ戻す。

〈呼吸〉
　フロントと同じ。

〈注意点〉
①上げた時に、胸を突き出して背中を収縮させる。
②降ろす時も胸を張ったままゆっくりと戻す。
③胸の上部をバーにつけるように引き上げると、腕へ刺激が移行する。

〈効果〉
　広背筋（フロントチンニングより下部に効く）、大円筋。

◆デッドリフト

〈基本動作〉
　バーベルを肩幅よりやや広めにオルタネイトグリップで握る。足幅は肩幅よりやや狭めで、つま先方向を少し開いておく。次に、背筋を伸ばした状態で、十分腰を落として構え、そこから上体が床に対して垂直になるまで、バーベルを引き上げる。ワンクッションおいてから元の位置へ戻すが、プレートが床に触れる一歩手前までとし、再び挙上動作に移る。

〈呼吸〉
　吸いながら降ろして、吐きながら上げる。上級者（ヘビーウェイトを扱う場合）の場合、1レップ目を上げる前に思いっきり息を吸い込んで、リフティング中は息を止め、上げきってから息を吐くこともある。2レップ目からは、降ろしながら息を吸う。

〈注意点〉
①背中は終始真っすぐにした状態で動作する。腰を曲げて動作すると、腰を痛める危険性が増す。
②フィニッシュで腰が前へ出て、上体が後ろへ傾かないようにする。腰が前へ行くと、脊柱起立筋から大臀筋へ刺激が移行してしまう。どちらかというと、尻を後ろへ突き出すような感じで、胸を張って肩を返すようにする。
③刺激が大腿四頭筋へ移行するので、フィニッシュで膝をロックさせない。
④下ろす時は下を見ない。下を見ると背中が丸まりやすくなる。視線は真っすぐ前におく。
⑤リフティングベルトは、腰を保護するために、軽い重量から必ず使用すること。ストラップは、必ずしも使用する必要はないが、脊柱起立筋が効く前に前腕がパンプしてしまう人は、使った方が良いだろう。

〈効果〉
　脊柱起立筋、僧帽筋、大円筋、三角筋後部、広背筋下部。

デッドリフト

デッドリフト（ワイドスタンス）

〈バリエーション〉
◎ワイドスタンスで行なう
　肩幅の２倍位に足を開いて、つま先は膝と同じ方向に向ける。大腿部が床と平行になる位まで腰を落とし、上体は床と垂直よりやや前傾した位のところで構える。パワーリフターはこのフォームで行なう人が多いが、脊柱起立筋よりも大臀筋や大腿部上部と僧帽筋に強く効くようである。

◆グッドモーニング
〈基本動作〉
　足を肩幅位に開いて、つま先をやや開いておく。バーベルを肩に担いで直立する。膝をやや曲げて、背中を真っすぐに保ったまま、上体が床と平行になる位まで倒す。ワンクッションおいてから、元の位置へ戻す。

〈呼吸〉
　吸いながら降ろして、吐きながら上げる。

〈注意点〉
①バーベルは僧帽筋全体で担ぐようにする。首に近い位置で担ぐと重心が取りづらいうえ、頸椎(けいつい)にも危険が大きい。
②重心はかかとに置く。降ろした時に重心が前に行きやすいので、尻を後ろへ突き出すような感じで行なえば良い。
③胸を張らないと、背中が丸まりやすいので、動作中は常に胸を張ったままでいる。

〈効果〉
　脊柱起立筋、大臀筋、大腿二頭筋。

グッドモーニング

◆プルオーバー
〈基本動作〉
　バーベルを握りこぶし１個半程度の間隔を開けて握り、肘を曲げて胸の上に保持する。この時足は床に置き、頭をベンチの端より少し出す。バーベルを頭上に降ろしながら徐々に肘を伸ばして行き、上腕が耳の辺りにくるまで降ろす。背中のストレッチ感を感じたら元の位置まで戻す。
　この種目はダンベルで行なうことも出来る。ダンベルの方が可動範囲が広く、ストレッチ感も強いので、ダンベルの方がよりポピュラーと言えよう。ダンベルではクロスベンチ（ベンチに対して90度に寝る）で行なう方がポピュラーであろう。

〈呼吸〉
　吸いながら降ろして、吐きながら上げる。

〈注意点〉
①バーベルは頭の近くではなく、遠くに降ろす。
②バーベルを上げる時に胸を張る。初心者は張れていない場合が多い。

プルオーバー

〈効果〉
大円筋、広背筋、前鋸筋。

◆ハイパーバック・エクステンション

〈基本動作〉
腰を支えるパッドに骨盤全体を乗せ、膝が伸びるように調節をする。次に、背中をやや丸めるような感じで脊柱起立筋をストレッチさせ、上体を床と垂直よりやや上の位置で保持する。この時、手は後頭部に置く。そこから上体が床と平行よりやや上になるまで上げるが、上げながら背中を徐々に反って胸を張るようにする。ワンクッションおいてから、ゆっくりと元の位置へ戻す。

〈呼吸〉
吸いながら降ろして、上げながら吐く。

〈注意点〉
①パッドの位置が大腿部よりだと、臀部と大腿二頭筋に刺激が移行する。
②上体を床と垂直になるまで降ろしてしまうと、緊張感が抜けてしまうので、一歩手前で止め次のレップに入るようにする。
③上げた時に視線は前へおく。下を見てしまうと収縮感が弱まるだけでなく、胸も張りにくい。

ハイパーバック・エクステンション

〈効果〉
脊柱起立筋、補助筋：大臀筋、大腿二頭筋

◆ラットマシン・フロント・プルダウン

〈基本動作〉
肩幅より握りこぶし2個程度広い間隔で、サムレスグリップでバーを握る。胸を張り、肘が伸びきる一歩手前でバーを保持する。そこから、胸の中央部に向かってバーを引き下げ、胸に触れたらゆっくりと元の位置まで戻す。

〈呼吸〉
吐きながら引いて、吸いながら戻す。

〈注意点〉
①戻した時に肘を伸ばしきらない。初心者は広背筋から刺激が抜けやすい。
②バーを引き下げる時、肘を後ろへ引かない。肩へ刺激が移行する。胸を張って、脇を締めるような感じで、肘を下に引くように動作すると意識しやすい。
③戻した時に胸をすぼめて肩を上げないようにする。戻した時も胸を張っておく。

〈効果〉
大円筋、広背筋。

◆ラットマシン・ビハインドネック・プルダウン

〈基本動作〉
手幅、姿勢、スタートポジションはフロント・プルダウンと同じ。そこから、首の後ろ（髪の生え際）めがけてバーを引き下げる。この時、肩甲骨を寄せることに意識をする。バーが首についたら、ワンクッションおいて元の位置へ戻す。

〈呼吸〉
フロント・プルダウンと同じ。

〈注意点〉
①バーを引く時は胸を張って、体を前に入れ、戻しながら体を元へ戻す。体を前へ入れないと、肩甲骨が寄らない。

〈効果〉
大円筋、広背筋上部、僧帽筋下部、補助筋：三角筋後部、上腕二頭筋。

ラットマシン・フロント・プルダウン

ラットマシン・ビハインドネック・プルダウン

アンダーグリップ・プルダウン

◆アンダーグリップ・プルダウン

〈基本動作〉

こぶし２個程度の間隔で、バーをアンダーグリップで握る。胸を張り、肘が伸びきる一歩手前でバーを保持する。そこから、大胸筋下部めがけて、脇を締めながらバーを引く。ワンクッションおいてから元の位置に戻す。

〈呼吸〉

フロント・プルダウンと同じ。

〈注意点〉

①引く時は胸を張って、多少上体を後ろへ傾ける。傾けないと胸の下部までバーが引けず、腕の関与が大きくなる。

②戻す時は体に沿って戻すのではなく、体から離すようにバーを戻す。

〈効果〉

大円筋、広背筋（フロント・プルダウンよりも可動範囲が広く、収縮感が強い）。

◆ハイクリーン

〈基本動作〉

スタンスを肩幅かやや狭めに取り、バーベルを肩幅よりやや広めの間隔でオーバーグリップで握る。一度バーベルを持って胸を張って直立し、胸を張り背中を真っすぐに伸ばした状態のまま、膝を曲げるのと同時に上体を前傾させ、バーベルを膝の辺りで止め、そこをスタートポジションとする。重量挙げの場合、プレートが床についたところをスタートポジションとする場合もある。次に、膝を伸ばしながら上体を直立させ、肘を上に引く。この時、爪先立ちになってバーベルを引き上げるのが理想である。バーベルを胸の辺りまで引き上げたら、肘を

ハイクリーン

横から回転させるような感じで前に返して、バーベルを受け止める。完全にバーベルを受け止めたら、元の位置まで戻す。

この種目は、重量挙げの補助トレーニングであるが、今日では敏捷性(びんしょうせい)を培うスポーツのトレーニングに採用されるケースが多い。またボディビルにおいても、上体の多くの筋群を動因するので、ウォームアップとして採用しているトレーニーも多い。

〈呼吸〉

ハイクリーンの呼吸法は非常に難しい。一度バーベルを直立姿勢で保持するが、そこから前傾姿勢（スタートポジション）を取るまでに息を吸い込み、挙上動作中は息を止め、バーベルを完全に受け止めたら息を吐く。

〈注意点〉

①背中は終始真っすぐに伸ばして動作する。丸まってしまうと腰を痛める危険がある。

②スタートポジションではバーベルは膝の辺りに位置するが、膝はあまり深く曲げず（45度以下）、腰から上体を前傾させて保持する。但し、前傾姿勢もあまりきつく取ってはならない（45度前後）。プレートが床についたところをスタートポジションとする時も、腰は膝よりも高い位置にあり、肩よりも低い位置になければならない。

③立ち上がりの動作では、まず先に膝を伸ばしてから、上体を真っすぐに起こしていく。但し、この一連の動作は流れるようにしなければならず、それぞれの筋肉が独立したような堅い動きでは、この種目を行なう意味は薄い。クイックリフトは、ストリクト（厳密）に行なって筋肉に効かすというものではなく、チーティングを使って、いかに高重量を効率よく挙げるかである。その為にはフォーム・動作が非常に重要であり、それを取得するために、始めは軽い重量でフォームを固める必要がある。

④フィニッシュで腹を突き出すような感じでバーベルを支えない。また、腕だけでバーベルを保持しない。バーベルを受け止める時は腕、肩、鎖骨の3点で支える。

⑤バーベルをリバースカールのように、腕だけの力で返さない。上体をあおるのと同時に、肘を上に引き上げ（アップライトローの様に）、それから肘を返すのである。リバースカールのように、腕だけの力で肘が返せることは、扱う重量が軽すぎると言えよう。

⑥この種目は非常に特殊であり、これをトレーニングルーティンに採用するならば、必ず行なう前に熟練者、もしくは重量挙げの経験者にフォームをチェックしてもらう必要があろう。

〈効果〉

脊柱起立筋、大臀筋、僧帽筋、補助筋：三角筋後部、大腿二頭筋、上腕二頭筋、前腕諸筋群。

◆ハイプル

〈基本動作〉

この種目も重量挙げの補助種目である。肩幅位の間隔でスタンスを取り、ワイドグリップでバーベルを握る。スタートポジションはハイクリーンに類似し、バーベルが膝の前辺りに来たところとし、その時に膝はあまり深く曲げず、腰は膝より高く位置しなければならない。膝を伸ばしていくと共に上体も起こしていき、上体が一直線上になるような感じで、あおりを使って爪先立ちになり、バーベルを素早く脇の下へ引き上げる。さらに上へ引き上げるのと同時に膝を少し曲げ、バーベルを胸につけるようにし、そのままバーベルを落とし、大腿部付け根で受け止めるようにする。

〈呼吸〉
バーベルを一度持ち上げ、膝下まで持ってくる間に息を吸い込み、動作中は息を止め、大腿部付け根に降ろした時に息を吐く。

〈注意点〉
①上体を起こす時にあおりを使うが、上体を後ろにあおるというよりは、上方向に持っていくような感じであおる。あまり上体を後ろへ反らし過ぎてもバーベルを高く引くことはできないし、腰に危険である。
②バーベルを引く時は、体に沿って引くように。体から離れてしまうと高重量が扱えない。また離れてしまうと、腕だけで上げる傾向が強くなる。バーベルを脇の下に引くようにすれば、体に沿って上げられる。
③フィニッシュでは胸を張る。動作中は常に胸を張り、背中を真っすぐにしておくが、フィニッシュではさらに胸を突き出すような感じでバーベルにつける。

〈効果〉
脊柱起立筋、僧帽筋、三角筋後部、大臀筋、補助筋：大腿二頭筋、上腕二頭筋、前腕諸筋群。

◆ロープーリー・ローイング

〈基本動作〉
狭い幅のパラレルグリップで握り、所定の位置に足と腰をおく。この時膝は軽く曲げておく。広背筋下部が引っ張られる感覚を感じ取りながら上体を前屈させ、肘をやや曲げて、腕も前へ出す。そこから上体を後ろへ引きながら、グリップをみぞおちのやや下へ胸を張って引き付ける。この時肩甲骨は寄せる。ワンクッションおいてから、元の位置へ戻す。

〈呼吸〉
吸いながら戻して、吐きながら引く。

〈注意点〉
①スタートポジションで、緊張感が抜けている人が多く見受けられるが、必ず広背筋が引っ張られている感覚を感じ取ること。腰から上体を前屈させるのではなく、腰は後ろへ引くような感じで背中を引っ張らす。
②グリップを引く位置が、へそより上にこないよう

ハイプル

ロープーリー・ローイング

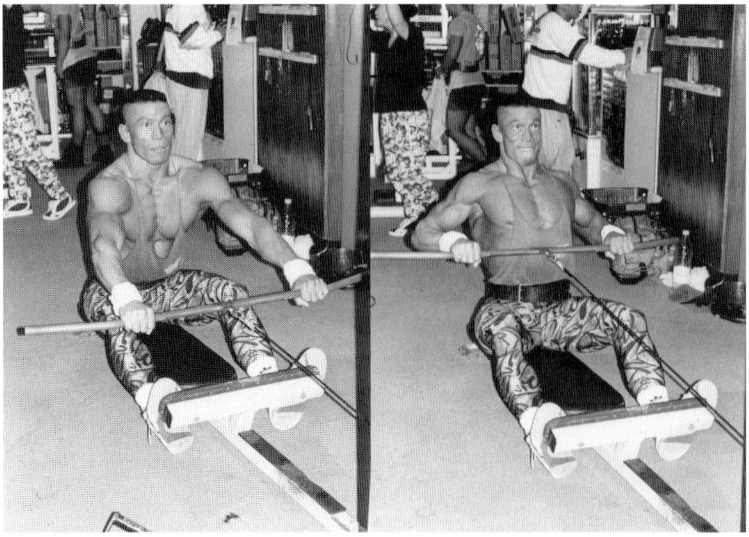

ワイドグリップ・ロープーリー・ローイング

に。上になるほど背中から腕へ刺激が移行する。また、肩が上がらないように注意する。上がってしまうと僧帽筋上部に刺激が移行してしまう。肩は落として、肩甲骨を寄せる。
③引きつける時は体をあまり後ろへ倒さない。腰を痛める危険性が高い。

〈効果〉
　広背筋、脊柱起立筋、菱形筋（りょうけいきん）、僧帽筋。

〈バリエーション〉
　ワイドグリップで行なう。基本動作は同じだが、収縮感が強まる反面ストレッチ感が弱くなる。より背中の厚みを付けるのに適している。収縮ポジションで１秒程度止めてから、元の位置へ戻すようにする。

◆スタンディング・ケーブルロー

〈基本動作〉
　パラレルのナローグリップを握り、上体を30度前後前傾させ、中腰姿勢を取る。この時ウェイトスタックがつかないようなところにポジションをとる。膝をやや曲げて、上体を振らさないようにグリップをみぞおち辺りに胸を張って引き付ける。この時肩甲骨は寄せる。１秒程度止めてから、ゆっくりと元の位置へ戻す。

〈呼吸〉
　ロープーリー・ローイングと同じ。

〈注意点〉
①胸は終始張ったまま動作する。戻す時に猫背になりやすいが、こうなると広背筋から緊張感が抜けてしまう。但し、スタートポジションでは肩は前へ出す。
②グリップを引く位置が下過ぎると、肩甲骨が寄せにくい。収縮感が甘くなる。
③グリップを引き付ける時、上体を後ろへ振らしてあおりを使わない。腰へ刺激が移行する。上体を多少後ろへ返す程度に止める。

〈効果〉
　広背筋、菱形筋（りょうけいきん）、僧帽筋。

◆ケーブル・ストレートアーム・プルダウン

〈基本動作〉
　肩幅よりやや狭めにＶ字バーを握り、肘にやや余裕を持たせ腕を伸ばして、顔よりもグリップが高い位置になるように腕を上げておく。この時上体は胸を張ってやや前傾させておく。そこから肘を一定に保ちながら、大腿部辺りまでグリップを引き下ろす。ワンクッションおいてから、元の位置へ戻す。

スタンディング・ケーブルロー

〈呼吸〉
吸いながら戻して、吐きながら降ろす。

〈注意点〉
①腕を上げ過ぎて刺激が抜けないように。腕を上げれば上げるほどストレッチ感が強まる訳ではない。
②グリップを引き降ろす時、肩が上がらないように注意する。肩が上がってしまうと僧帽筋に刺激が移行する。
③収縮感が弱くなるので、肘を曲げ過ぎない。また、上体を前傾させ過ぎても、収縮感は弱まるようである。

〈効果〉
大円筋、広背筋。

◆マシン・プルオーバー
〈基本動作〉
パッドに肘が丁度くるようにシートの高さを調節し、胸を張って座る。マシンにあるバーをアンダーグリップで握り、肘が耳の真横にくるように腕を上げて保持する。そこから胸を張ったまま、バーが体につくまで引き降ろす。ワンクッションおいてから、ゆっくりと元の位置へ戻す。
バーベルやダンベルを用いて行なうものよりも意識がしやすいので、初心者にも適していると言える。

〈呼吸〉
吐きながら引いて、吸いながら戻す。

〈注意点〉
①ストレッチ感が甘くなるので、肘を体から開き過ぎないようにする。
②フィニッシュでは肩を落として、胸を張る。肩甲骨は多少寄せる。
③戻す時はゆっくりとネガティブを感じ取ることが大切である。

〈効果〉
大円筋、広背筋、前鋸筋。

◆ケーブルコブラ
〈基本動作〉
ケーブルクロスマシンの中央に膝まづき、マシンの上部にあるグリップを腕がクロスするように握る。この時腕は真っすぐ上に伸ばし、肘は多少曲げておく。そこから肘の角度は変えずに、半円を描きながら胸を突き出すような感じで、肘を引き降ろしてくる。そして、肩甲骨を寄せきったところでワンクッションおき、元の位置へ戻す。上背部のストレッチ感と収縮感が強い。

ケーブル・ストレートアーム・プルダウン

ケーブルコブラ

〈呼吸〉
吐きながら引いて、吸いながら戻す。

〈注意点〉
①背中の緊張が抜けやすいので、スタートポジションで肩を上げない。
②フィニッシュで上体を後ろへ傾けない。胸を突き出す程度で良い。あまり倒し過ぎると広背筋から刺激が抜ける。

〈効果〉
大円筋、菱形筋、僧帽筋全体、広背筋上部、三角筋後部。

◆マシン・ローイング

〈基本動作〉
グリップが肩の高さにくるようにシートの高さを調節し、尻を突き出した感じで胸をパッドにぴったりつけて座る。パラレルグリップを握り、肩を多少前へ出して保持する。そこから肩甲骨を寄せながらグリップを引き、フィニッシュでさらに胸を張る。１秒程度止めてから、ゆっくりと元の位置へ戻す。

〈呼吸〉
引きながら吐いて、吸いながら戻す。

〈注意点〉
①スタートポジションで胸がすぼまらないようにする。肘を伸ばし過ぎると刺激が抜けやすいので多少曲げておくと良い。また、肩は前へ出すが、肩を落とした状態で前へ出す。
②引ききった位置はみぞおち。それより上だと腕に効果が移行し、低いと肩甲骨が寄せにくい。
③胸は終始パッドにぴったりつけておく。引いた時に収縮感を高めようとパッドから離す人がいるが、広背筋よりも腰へ効いてしまう。

〈効果〉
広背筋、菱形筋、僧帽筋。

◆トルソーマシン

〈基本動作〉
パッドが肘の高さになるようにシートを調節し、胸を張って座る。ストレッチ感が抜けないところまで、腕を真っすぐ上げて保持する。そこから両パッド同時に、肩甲骨が寄りきるまで降ろす。１秒程度止めてから、元の位置へゆっくり戻す。
可動域が広く、意識がしやすいので、非常に優れたマシンと言えよう。プルダウン系では得られない刺激が得られる。但し、日本ではまだあまり普及していない。

〈呼吸〉
吐きながら降ろして、吸いながら戻す。

〈注意点〉
①スタートポジションで肩が上がらないように。上がるとストレッチ感が弱まる。
②終始胸は張っておくが、フィニッシュでは意識的に胸を突き出して収縮感を強める。
③フィニッシュでも肩が上がらないように。刺激が僧帽筋に移行してしまう。

〈効果〉
大円筋、広背筋。

マシン・ローイング

SHOULDER

第４章
肩のトレーニング

◆バーベル・フロントプレス

〈基本動作〉

この種目はスタンディング、シーテッドどちらでも行なうことが出来る。初心者は、シーテッドで行なう方が意識しやすい。

背もたれの付いたショルダープレス専用ベンチに、背中をぴったり着けて座り、バーベルを肩幅より握りこぶし一個程度広く握ってラックから外し、頭上に保持する。専用ベンチがない時は、フラットベンチに座って行なっても良い。この場合、バーベルを床上からクリーンして、さらに頭上まで持ってこなくてはならない。背筋を伸ばし、ゆっくりとバーベルをあごの辺りまで降ろしてくる。そして、休まずに真っすぐ頭上に押し上げるが、肘をロックする一歩手前で止め、ワンクッションおいて再びバーベルを下げる。上級者はパワーラックやスクワットラックを使うとヘビーウェイトを扱える。

〈呼吸〉

吐きながら上げて、吸いながら降ろす。

〈注意点〉

①バーベルを降ろし過ぎない。可動域を広げようと、バーベルを胸につくまで降ろす人がいるが、降ろし過ぎると、逆に肩から刺激が抜けてしまう。
②バーベルを上げる時に上体を反らさない。スタンディングで行なう時によく見られるが、腰から上体を後ろに反って上げると、腰に強いストレスがかかり痛める原因となる。上級者はチーティングを使って、多少上体を反ることにより高重量を扱う時もあるが、初心者は背筋を伸ばしたまま動作できる重量で行なうべきである。
③バーベルを上げきった時、三角筋の収縮が弱くなるので肩まで上がらないようにする（僧帽筋をすくめない）。
④バーベルは手首の真上に乗せる。バーベルを握る時手首は返すが、指先の方ではなく親指の付け根の方に乗せる。手の平の上の方で握ると、手首に強いストレスがかかり手首を痛める危険がある。

〈効果〉

三角筋前部、上腕三頭筋。

〈バリエーション〉

◎ナローグリップ・フロントプレス

バーベルを肩幅位で握り、スタンダードのフロントプレスより多少肘を前にして動作をする。そのため三角筋前部のより前側に強く効く。

◎ワイドグリップ・フロントプレス

バーベルを肩幅より握りこぶし２個程度広く握って動作する。スタンダードのフロントプレスより収縮感が弱くなり、ストレッチ感が強い。また、三角筋前部でもより中央に近い部分の刺激が強まる。

◆バックプレス

〈基本動作〉

バーベルを握りこぶし１個半程度広く握り、頭上に保持する。胸は張るが、肩甲骨は寄せない。そのままの姿勢でバーベルを降ろしていく。耳たぶの辺りまで降ろしたら、休まずに押し上げる。上げ切った時に肘はロックさせない。

バーベル・フロントプレス

〈呼吸〉

吐きながら上げて、吸いながら降ろす。

〈注意点〉

①フロントプレス同様にバーベルを降ろし過ぎないようにする。バーベルを首に着くまで降ろす人がいるが、肘を体側より後ろにすることは、非常に肩関節が不安定な状態になるので、あまり深く降ろすとオーバーストレッチになる。
②胸を張って動作するので、バーベルが後方へいきやすい。あまり

後方で動作すると、肩関節に多大なストレスがかかる。

〈効果〉
三角筋全体（特に中央部）、僧帽筋。

◆ダンベル・ショルダープレス

〈基本動作〉
この種目もバーベル同様にスタンディングでもシーテッドでも行なえるが、シーテッドの方がよりポピュラーなのでシーテッドで説明したい。
まず、両手にそれぞれダンベルを握りフラットベンチに座る。次にダンベルを身体の真横に保持するが、この時前腕が床と垂直になるようにする。背筋を伸ばし、両腕同時に真上に上げるが、ダンベルを上げるにつれ、徐々にダンベル同士をつけるようにする。そして、ダンベルを上げきった時は、肘を伸ばしきる一歩手前で、三角筋を絞り上げるようにする。ワンクッションおいてから、同じ軌道でダンベルを戻していく。

〈呼吸〉
ダンベルを上げながら吐いて、降ろしながら吸う。

〈注意点〉
①肘は動作中、常にダンベルの真下に位置する。
②背もたれのないフラットベンチで行う時は、上体を後ろへ反らないように注意する。

〈効果〉
三角筋中部に強く効く。補助筋：上腕三頭筋、僧帽筋。

バックプレス　ダンベル・ショルダープレス　アーノルドプレス

◆アーノルドプレス

〈基本動作〉

スタートポジションで手の平を内側に向けてダンベルを保持するので、スタンダードのダンベルショルダープレスよりも肘の位置が前に来る。手首を回転させながらダンベルを上げていき、上げきった所では手の平は前を向いている。この時、肘は伸ばしきる一歩手前である。そして、再びダンベルを逆回転させながら、スタートポジションまで戻す。

〈注意点〉

①あまり肘と肘を近づけ過ぎない。スタートポジションでは、手の平を身体に向け肘を前に出すが、あまり肘を近づけ過ぎると三角筋から刺激が抜けてしまう。

②ダンベルは真っすぐ頭上へ押し上げるが、上げながら多少体を前に入れるようにすると、収縮感が得られやすい。

〈効果〉

三角筋全部。スタンダードのダンベルショルダープレスより、刺激の範囲は広がる。

〈バリエーション〉

肘を体側より少し前へ出して行うと、より前腕に強く効くが、僧帽筋の関与は低い。

◆コンビネーションプレス

〈基本動作〉

フロントプレスのボトムポジションからバーベルを頭上に押し上げて、バックプレスのボトムポジションに降ろす。そして、再び頭上に押し上げて、フロントプレスのボトムポジションに戻す。手幅は、フロントプレス、バックプレスどちらに合わせても良い。現在、ボディビルのトレーニングにおいて、この種目をトレーニングプログラムに組み込むことは余りないようである。仕上げやウォーミングアップ、他のスポーツの補強種目には良いだろう。

〈呼吸〉

吐きながら上げて、吸いながら降ろす。

〈注意点〉

前述のバーベル・フロントプレス、バックプレスに類似する。

〈効果〉

前述のバーベル・フロントプレス、バーベルプレスを含めた部分。

◆ワンアーム・ダンベルプレス

〈基本動作〉

スタンディングポジションで片手にダンベルを握り、もう一方の手は上体を支える為にベンチなどに掴まる。次に、ダンベルを三角筋横に保持するが、この時、上体をダンベルを持っている方とは反対側に多少傾けておく。そして、ダンベルを頭上へ押し上げるが、ダンベルを上げながら上体を徐々に垂直へ戻していき、フィニッシュではダンベルを持っている方向へ多少上体をもっていく。

コンビネーションプレス

ワンアーム・ダンベルプレス

〈呼吸〉

ダンベルを上げながら息を吐き、下げながら吸う。

〈注意点〉

①この種目はツーハンズで行うダンベルプレスよりも可動範囲が広がるが、体を傾ける動作が逆になると可動範囲が狭くなる。

〈効果〉

ツーハンズダンベルプレスと同じ。ストレッチ感、収縮感が強く、意識しやすい。

◆バーベル・フロントレイズ

〈基本動作〉

バーベルを肩幅よりやや狭めに、オーバーグリップで握り、大腿部の前に保持する。この時、バーベルは大腿部にはつけないでおく。胸を張り、肘を多少曲げて、肩の位置までバーベルを上げる。ワンクッションおいてから、ゆっくりと元の位置まで戻す。

〈呼吸〉

バーベルを上げながら息を吐き、下げながら息を吸う。

〈注意点〉

①バーベルを上げる時に、肩を前又は上に動かさないようにする。肩が上がってしまうと、僧帽筋に刺激が移行してしまう。バーベルを上げながら、肩を落としていくような感じで行なうと良いだろう。

②バーベルを上げながら上体を後ろに反らさない。反りやすい人は、やや前傾気味で動作すると良い。

③上級者は、時にはより収縮感を強める為にバーベルを肩より上へ上げるが、初心者は三角筋への意識が難しいので、上げる位置は肩までで良いだろう。

④ボトムポジションでバーベルを大腿部につけて休まないようにする。初心者によく見られる。

〈効果〉

三角筋前部。特に胸との繋がり部分。

◆ダンベル・フロントレイズ

〈基本動作〉

この種目は、両腕同時に上げることも出来るし、オルタネイト（交互）で行なうことも出来る。両腕同時はバーベルで行なうのと類似するので、オルタネイトでのやり方を説明したい。

まず両腕それぞれにダンベルを握り、大腿部前に

バーベル・フロントレイズ

ダンベル・フロントレイズ

保持する。この時ダンベルを大腿部に付けないでおく。そして胸を張り、ダンベルを片手ずつ上げるが、ダンベルを上げた時、多少上体を上げた方向に傾けると、肩が上がりにくくなる。ワンクッションおいて、ゆっくりとダンベルを降ろし、休まずもう一方のダンベルを上げる。

〈呼吸〉
バーベル・フロントレイズと同じ。

〈注意点〉
①休んでいる方のダンベルを大腿部につけて緊張感を抜かないようにする。

〈効果〉
バーベルと同じだが、より意識しやすい。

〈バリエーション〉
ダンベルを上げながら親指を上にする。このほうが肩が上がりにくい。

◆インクライン・プローンフロントレイズ

〈基本動作〉
背もたれの角度を45度位に設定し、バーベルを肩幅よりやや狭めに握りうつ伏せる。バーベルは、身体と腕が垂直になるように保持し、そこから上腕が床と平行よりやや上に来る位まで上げる。ワンクッションおいてから、スタートポジションにゆっくりと戻す。チーティングが使えない為、スタンディングで行なう時より扱うウェイトは軽くなる。

〈呼吸〉
バーベル・フロントレイズと同じ。

〈注意点〉
①腕が床と垂直になるまでバーベルを戻さない。そこまで戻すと三角筋の緊張感が抜けてしまう。
②上げる時に体をベンチから離さない。離すと肩か

インクライン・プローンフロントレイズ

ら刺激が抜ける。

〈効果〉
三角筋前部（通常のフロント・レイズより収縮感が強い）。

◆ベントオーバー・フロントレイズ

〈基本動作〉
バーベルを肩幅位に握り、上体を水平よりやや上（45 度前後）に、膝を軽く曲げ、尻を突き出すような感じで前傾させる。肘の負担を軽減させる為に、多少曲げておく。スタートポジションでは、バーベルは真下に降ろしているのではなく、やや上に保っておく。そのままの姿勢を保ち、バーベルを上腕部が耳の辺りにくるまで上げる。収縮感を感じ取ったら、ゆっくりとスタートポジションに戻す。

〈呼吸〉
息を吐きながら上げて、吸いながら降ろす。

〈注意点〉
①バーベルを床と垂直まで戻さない。そこまで戻してしまうと、三角筋から緊張感が抜けてしまう。
②バーベルを上げるのと同時に、肩（僧帽筋）まで上がらないようにする。僧帽筋の収縮感が強まるが、逆に三角筋の収縮感は弱まってしまう。
③動作中、上体の角度は終始一定に保つ。この種目は収縮感を重視するので、重いウェイトを反動を使って行なうものではない。上体を振らないと扱えないほど重いウェイトは、使用する必要はない。
④手首を無理に巻き込んだり、又は返したりしない。常に自然な状態でバーベルを握ること。
⑤上体の前傾の角度は、床と水平ではなく、やや水平より上に保っておく。あまり前傾させ過ぎると、可動範囲が狭くなる。

ベントオーバー・フロントレイズ

インクライン・フロントレイズ

〈効果〉
三角筋前部。

◆インクライン・フロントレイズ

〈基本動作〉
バーベルを肩幅位に握り、背もたれを 45 度前後に設定したインクラインベンチに仰向けに寝る。スタートポジションでは、胸を張り肘を軽く曲げて、バーベルを大腿部前面に保持する。そのままの姿勢を保ったまま、バーベルを上腕部が身体に対して 90 度位まで上げる。ワンクッションおいてから、ゆっくりと元の位置まで戻す。この種目は、ダンベルでも行なうことが出来る。

〈呼吸〉
バーベル・フロントレイズと同じ。

〈注意点〉
①バーベルを身体に対して 90 度以上上げない。上級者は、特に 90 度以上上げて収縮感を高めようと

サイドレイズ

するが、初心者は意識が難しいので90度まででで良いだろう。
②スタートポジションでバーベルを大腿部につけて休まない。各レップでバーベルをスタートポジションに戻した時、大腿部につけて休んでいる人がいるが、三角筋の緊張感が抜けて効果が薄れてしまうので、大腿部につく一歩手前で止め、休むことなく挙上動作に移ること。
③この種目はストレッチ感を重視するので、ネガティブ動作を意識して行なうこと。

〈効果〉
三角筋前部。

◆サイドレイズ

〈基本動作〉
この種目はスタンディング、シーテッドどちらでも行なうことができるが、ここではスタンディングで行なうサイドレイズを説明しよう。
まずダンベルを両手に持ち、大腿部側面（やや前気味）に保持する。足幅は肩幅位で、膝を軽く曲げておく。そこから両ダンベル同時に、半円を描くように肘が肩の高さにくるまで上げる。ワンクッションおいてから、ゆっくりと元の位置に戻す。
シーテッドでは反動が使いにくい分、スタンディングよりストリクトに動作出来る。扱えるウェイトは軽くなるが、スタンディングと扱える重量に差があり過ぎる人は、反動を使い過ぎていると思えるので、もう一度フォームの見直しが必要だろう。

〈呼吸〉
上げながら息を吐いて、戻しながら吸う。

〈注意点〉
①スタートポジションでダンベルを大腿部前面にもってこない。またダンベルとダンベルをつけない。初心者においては、ダンベルを大腿部前面まで持ってくると、緊張感が抜けてしまう。また、上体のあおりを使いやすくしてしまう。
②ダンベルを上げた時に肩（僧帽筋）をすくめない。すくめてしまうと僧帽筋の収縮感が強まるだけで、逆に三角筋の収縮感は弱まってしまう。
③肘の角度は動作中終始一定に保つ。あまり重いウェイトを扱うと、ダンベルを上げると同時に、肘が曲がり過ぎてしまう。肘が曲がり過ぎると、肩が上がりやすくなるので、刺激が僧帽筋に移行する。
④上体を振らしてダンベルを上げない。この種目はアイソレーション種目なので、重いウェイトを反動を使って上げる必要はない。上体は真っすぐ立てて動作するか、ほんの少し前傾させると、上体の振れが押さえられるようである。

ワンハンド・サイドレイズ

インクライン・サイドレイズ

⑤上げる位置は肘が肩の高さまでだが、上げる軌道も肘が肩の真横にくるようにする（ダンベルは肩よりやや前）。横から見た時に、肘が肩より前へ出ていたり後ろへ行ってしまうと、三角筋中央部から刺激が逃げてしまう。

〈効果〉
三角筋中央部。

◆ワンハンド・サイドレイズ

〈基本動作〉
片手にダンベルを持ち、片方の手は上体を支える為にベンチなどに掴まる。その他のフォーム、動作はサイドレイズと同じ。片手で上体を支えている分、あおりが使いにくくなり、より三角筋に意識が集中できる。

〈呼吸〉
上げながら吐いて、降ろしながら吸う。

〈効果〉
三角筋中央部。

〈バリエーション〉
①ダンベルを持っている方へ上体を傾けて行なう。こうすると収縮感が強くなるが、反対にストレッチ感は弱まる。逆に、持っていない方の手へ上体を傾けると、ストレッチが強くなり、収縮は弱くなる。

◆インクライン・サイドレイズ

〈基本動作〉
背もたれの角度を45度～60度位に設定したインクラインベンチに、片手にダンベルを持って横向きに寝る。肘を軽く曲げて、大腿部側面にダンベルを構える。そのままの姿勢を保ち、上腕部が身体に対して90度になるまで上げる。ワンクッションおいてから元の位置まで戻す。

〈呼吸〉
上げながら息を吐き、下げながら吸う。

〈注意点〉
①大腿部に触れるまでダンベルを戻さない。初心者は、大腿部にダンベルを置いて休む傾向が強いので、大腿部に触れる一歩手前で止め、再び挙上動作に入るべきである。
②上腕部を身体に対し90度以上上げない。肩が上がりやすくなり、僧帽筋に刺激が移行してしまう。
③この種目はストレッチ感が強い（スタンダードのサイドレイズより）ので、ネガティブを重視して行なう。

〈効果〉
三角筋中央部。

フロアー・サイドレイズ

〈バリエーション〉
肘を多少曲げてダンベルを大腿部の前から始めると、刺激がより中央部に集中する（フィニッシュは同じ位置）。

◆フロアー・サイドレイズ
〈基本動作〉
床の上に身体を横にして寝そべり、上の方の手にダンベルを握り胸の前へ構え、もう片方の手は床に置く。肘を軽く曲げ、肘が肩の真横にくるようにダンベルを上げる。ワンクッションおいてから元の位置へ戻す。

〈呼吸〉
ダンベルを上げながら息を吐き、降ろしながら吸う。

〈注意点〉
①スタートポジションで肩が前へ動かないようにする。三角筋後部のストレッチ感が弱くなる。
②ダンベルを上げた時、一緒に体を後ろへ倒さない。三角筋後部の収縮感が弱くなる。上げた時に体が前にいくような感じにし、降ろした時は逆に上体を後ろに引くような感じで行なうと、意識しやすいだろう。
③ダンベルを上げながら意識的に小指を上にしていくと、収縮感が強まる。

〈効果〉
三角筋後部。

◆ベントオーバー・リアレイズ
〈基本動作〉
両手にダンベルを持ち、上体を床と平行になる位まで前傾させる。膝を軽く曲げ、肩は落とさないでおく（肩甲骨は寄せない）。肘を少し曲げて、ダンベルをハの字に構える。そこから両ダンベル同時に、肘が肩の真横にくるような軌道で上げる。収縮感を感じ取ったら、ワンクッションおいて元の位置まで戻す。

〈注意点〉
①ダンベルを上げた時に胸を張らない。ダンベルを上げると肩甲骨は多少寄るが、胸を突き出してしまうと僧帽筋の収縮が強まり、三角筋後部の収縮は弱まってしまう。
②ダンベルを上げる時に肘を曲げ過ぎない。肘の角度は終始一定に保って動作する。もし肘が曲がるようならば、ウェイトが重すぎるので、直ちに軽くする。
③ダンベルを戻し過ぎない。上腕部を床に対して垂直まで戻してしまうと、緊張感が抜けてしまうので、その一歩手前で止めて、再び挙上動作に移る。
④スタートポジションで上体を平行以下に下げない。あまり上体を下げ過ぎるとストレッチ感が甘くなる。

〈効果〉
三角筋後部。

◆プローン・リアレイズ
〈基本動作〉
フラットベンチに身体をうつ伏せにして行なうリアレイズ。顔はベンチの端から出していた方が良いだろう。その他の基本動作は、前述のベントオーバー・リアレイズに類似する。ベンチにうつ伏せているのでチーティングは使えないが、その分可動範囲は狭くなる。

〈注意点〉
①収縮を重視する種目なので、ダンベルを上げきった時に1秒位止める。
②ダンベルが床につくまで戻さな

ベントオーバー・リアレイズ

プローン・リアレイズ

アップライト・ローイング

い。

〈効果〉
　三角筋後部。

◆アップライト・ローイング

〈基本動作〉
　この種目はバーベル、ダンベルどちらでも行なうことが出来るが、バーベルの方がよりポピュラーと思えるのでバーベルで説明したい。
　握りこぶし一個程度の間隔を開けてバーベルを握り、肩幅位にスタンスを取って直立する。バーベルは大腿部前面に構えるが、大腿部には触れさせないでおく。胸を張り、体すれすれの軌道でバーベルを首の辺りまで引き上げる。同じ軌道を通って元の位置へ戻す。
　ダンベルで行なう場合も基本動作は同じである。ただ、ダンベルは手首の角度が自由なので、手首が堅い人はダンベルで行なった方がやりやすいだろう。

〈呼吸〉
　息を吐きながらバーベルを引き、吸いながら降ろす。

〈注意点〉
①スタートポジションでは肘は伸ばさない。三角筋から緊張感が抜けてしまう。
②バーベルを降ろした時に肩まで落とさない。僧帽筋のストレッチ感が強まるだけで、逆に三角筋の緊張感は弱まる。
③動作中、常に肘をバーベルより上に保っておく。バーベルが肘より上にきてしまうと、腕に刺激が移行してしまう。
④バーベルを上げた時に肩をすくめない。僧帽筋の収縮が強まってしまう。
⑤バーベルを上げながら体を後ろに反らさない。また下げながら上体を前へ動かさないこと。上体は終始一定に保ったまま動作しないと、効果が薄れてしまう。
⑥バーベルの軌道を体から離して取らない。上級者は体から離してバーベルを上下させることもあるが、初心者には意識が難しいので、体ギリギリで上下させた方が良い。

〈効果〉
　三角筋前部。

〈バリエーション〉
　握り幅を広く取れば取るほど、三角筋の中央部に刺激が移行する。但し、通常アップライト・ローイ

ホリゾンタルプレス

ングでは、肩幅より広くグリップは取らない。

◆ホリゾンタルプレス

〈基本動作〉

バーベルを握りこぶし２個半程度の間隔を開けて握り、クリーンした状態（バーベルを肩の位置まで巻上げた状態）に構える。胸を張り、バーベルを床と平行方向にプレスする。肘が伸びきる一歩手前で止め、同じ軌道で元に戻す。

ボディビルのトレーニングにおいて、この種目より効果的なものが数多く登場してきているので、これをトレーニングプログラムに採用することはほとんど無い。

〈呼吸〉

吐きながら押し、吸いながら戻す。

〈注意点〉

①スタートポジションではクリーンした態勢を取るが、バーベルを肩や鎖骨に乗せて休まない。前腕が床に対して垂直よりやや前に傾いた所で構えるようにする。

②バーベルをプレスした時に肩まで前へ動かさない。フィニッシュの姿勢は、バーベルフロントレイズと同じである。

③バーベルは前へ押すが、気持ち上気味に押さないと、引力の関係で下がってしまう。

〈効果〉

三角筋前部

◆マシン・ショルダープレス

〈基本動作〉

グリップが肩の真横ではなく、やや前にくるように椅子を設定する。握り幅は肩幅よりやや広めにし、始めにバーを耳たぶ辺りまで上げて保持する。そこからゆっくりと押し上げて、肘が伸び切る一歩手前で止め、再びスタートポジションに戻す。

現在、ショルダープレスのマシンは様々なタイプの物が登場してきている。今回紹介しているのは、ユニバーサル社のショルダープレスマシンである。

〈呼吸〉

上げながら息を吐いて、降ろしながら吸う。

〈注意点〉

①上体は終始前傾気味で動作する。ユニバーサル社のショルダープレスマシンは、軌道が前気味に押すようになっているので、上体を垂直にすると腰へ負担がかかってしまう。また垂直で動作すると、三角筋から大胸筋へ刺激が移行してしまう。

マシン・ショルダープレス

②ウェイトが下に着くまで戻さない。バーを降ろした時にウェイトが着くまで戻すと、緊張感が途切れてしまうので、グリップが耳たぶ辺りで止め、再び挙上動作に移ること。
③肘の位置は、常にマシンの軌道上におく。肘の位置が軌道上から外れると、三角筋から刺激が抜けてしまう。
④上体が反りやすくなるうえに、首を痛める危険があるので、バーを上げる時に首を上へ向けない。顔は正面に向けたまま動作するようにする。

マシン・サイドレイズ

〈効果〉
三角筋前部、補助筋：上腕三頭筋。

〈バリエーション〉
◎握り幅を変える
握り幅が狭いと収縮感が強まり、三角筋前部に強く効く。逆に握り幅が広いと三角筋前部でも中央部よりに強く効き、ストレッチ感が強くなるが、収縮感は弱い。

◆マシン・サイドレイズ

〈基本動作〉
パッドが、腕橈骨筋（わんとうこつきん）の所へ来るように椅子の高さを調節する。ハンドルを持って、始めに斜め下30度位に開いて保持する。そこから両腕同時に、ゆっくりとパッドが肩の高さに来るまで上げる。ワンクッションおいてから、ゆっくり元の位置に戻す。

〈呼吸〉
吐きながら上げて、吸いながら戻す。

〈注意点〉
①パッドを上げる時に肩（僧帽筋）まで一緒に上げないようにする。パッドを高く上げようとすると僧帽筋まで上がるようである。パッドは肩の位置までで十分である。
②ストレッチが意識出来ないので、肩甲骨を寄せて降ろさない。上げる時は寄せた方が良い。また、背もたれに寄りかかり過ぎない。寄りかかり過ぎると、三角筋前部へ刺激が移行してしまう。
③動作をスピーディーに行なわない。早い動作で上げると、勢いで軽くなってしまう。また降ろす時もゆっくり行なわないと、ネガティブが効かせにくい。
④上腕が身体につくまで戻さない。ストレッチ感を強めようとしてここまで戻しても、逆に三角筋から刺激が抜けてしまう。

〈効果〉

リアデルトイド・マシン

三角筋中央部（ダンベルより僧帽筋の関与が強い）。

◆リアデルトイド・マシン

〈基本動作〉
グリップが肩の位置よりやや上になるように、椅子を調節する。胸を張り、肘を多少曲げて、両腕同時にグリップが身体横にくるまで引いてくる。ワンクッションおいて、ネガティブを感じながら元の位置まで戻す。

〈呼吸〉
吐きながら引いて、吸いながら戻す。

〈注意点〉
①上体を少し前傾させて動作する。直立姿勢で動作すると、肩甲骨が寄りやすく、僧帽筋中部に効いてしまう。胸は張るが、肩甲骨は決して寄せない。
②戻した時に肩まで一緒に前へ出さない。三角筋のストレッチ感は強まらず、僧帽筋のストレッチ感が強まるだけ。胸を張っていれば肩は前へ行かないはずである。
③グリップの位置が肩より低いと、背中に効いてしまう。また逆に高いと、可動範囲が狭くなる。
④グリップは堅く握らず、手首を巻き込んで軽く握る。

〈効果〉
三角筋後部

◆ケーブル・サイドレイズ

〈基本動作〉
大腿部の前にグリップがくるように、立つ位置を調節する。この時ケーブルのウェイトは少し浮くようにする。足幅は肩幅位、上体は直立させ、グリップを持たない方の手は何かに捕まるか腰へ置く。その姿勢を保ったまま、グリップが肩の高さにくるまで上げる。そしてゆっくりと元の位置に戻す。ダンベルより効かせやすいが、扱う重量は軽くなる。

〈呼吸〉
吐きながら上げて、吸いながら戻す。

〈注意点〉
①グリップを大腿部を過ぎてまで戻さない。三角筋のストレッチではなく、背中のストレッチ感が強まるだけである。
②三角筋前部に刺激が移行するので、上げながら親指が上にならないようにする。
その他の注意点はダンベル・サイドレイズと同じ。

〈効果〉

ケーブル・サイドレイズ

ケーブル・フロントレイズ

ケーブル・リアレイズ

三角筋中央部（ダンベルよりストレッチ感が強い）

〈バリエーション〉

◎体を外側に傾けて動作する。こうすると収縮感が強まる。

◎ケーブルを体の後ろから引く。三角筋中央部から前部にかけて鍛えることが出来る。

◆ケーブル・フロントレイズ

〈基本動作〉

マシンに背を向けて立ち、股下にケーブルを通して、胸を張って直立する。ストレートバーを肩幅よりやや狭めに握り、大腿部から離して保持する。そこから肘を少し曲げて、バーが肩の高さにくるまで上げ、ワンクッションおいてから元の位置まで戻す。

〈呼吸〉

吐きながら上げて、吸いながら戻す。

〈注意点〉

バーベル・フロントレイズに類似するので、ここでは省かせてもらう。

〈効果〉

三角筋前部（バーベルよりストレッチ感強い）。

◆ケーブル・リアレイズ

〈基本動作〉

上体を床と平行くらいに倒し、膝はやや曲げておく。マシンから遠い方の手にケーブルのハンドルを握り、やや肘を曲げ、もう一方の手は何かに掴まるか膝に置く。背中を真っすぐに伸ばして胸を張り、ハンドルを握っている手を体の中央に保持する。この時マシンのウェイトが着かないようにポジションをとる。その姿勢を保ったまま、ハンドルを真横に肩の高さまで引いてくる。多少開いても良い。ワンクッションおいてから元の位置に戻す。この種目はツーハンズで行なうことも出来る。

〈呼吸〉

吐きながら引いて、吸いながら戻す。

〈注意点〉

①ハンドルを戻す時に肘を曲げ過ぎないようにする。あまり曲げ過ぎると、三角筋後部がストレッチされずにウェイトが着いてしまい、可動範囲が狭くなる。また背中のストレッチが強まってしまうので、胸がすぼまって肩ごと前へ引っ張られないようにする。

ケーブル・アップライトロー

シュラッグ

②ケーブルを引いた時に上体を開き過ぎないようにする。三角筋後部ではなく、背中の収縮感が強まるだけである。上体は終始固定して動作すること。
③ハンドルを肩より下に引かないようにする。上体と上腕部（腋の下）は常に90度の角度を作ってケーブルを引いてくる。この軌道を外れて動作すると、肩から刺激が抜けてしまう。
④ケーブルを引いた時に肩甲骨を寄せない。背中の収縮感が強まるだけで、三角筋後部の収縮感は弱まるか変わらない。ケーブルを上げると共に、上体を平行より少し下げると肩甲骨が寄りにくいようである。

〈効果〉
三角筋後部（ダンベルよりストレッチ感が強い）。

◆ケーブル・アップライトロー

〈基本動作〉
足幅を肩幅位に開き、マシンに向かって直立する。股下に通したストレートバーをこぶし１個半程度の間隔で握り、肘をやや曲げて、大腿部に着かないように保持する。そこから肘を上げるような感じで首辺りまでバーを引き上げ、ワンクッションおいてから元へ戻す。

〈呼吸〉
吐きながら上げて、吸いながら戻す。

〈注意点〉
フリーウェイトのアップライトローと同じなので、ここでは省略する。

〈効果〉
三角筋前部（フリーウェイトよりネガティブを意識しやすい）。

〈バリエーション〉
◎手幅を変える。効果、動作はバーベルのアップライトローと同様である。

◆シュラッグ

〈基本動作〉
ダンベルを両手に持ち、大腿部側面に保持する。その時胸は張っておくが、肩はダランと落としておく。そこから真っすぐ上に、首をすくめるような感じで僧帽筋を収縮し、いったん肩甲骨を寄せるような感じで肩を後ろに引き、元の位置へ戻す。
バーベルで行なう場合は、肩幅位の間隔でバーを握り、肘を伸ばしたまま肩をすくめる。ワンクッションおいてから元の位置へ戻す。バーベルの場合、ダンベルのように降ろす時に肩甲骨を寄せることが難しいので、効かせられる範囲が狭い。

〈呼吸〉
上げながら吐いて、降ろしながら吸う。

〈注意点〉
①上げる時に上体を振らして反動を使わない。また、爪先立ちなどをして下半身の反動も使わない。
②上げた時に肘を曲げない。腕が曲がると僧帽筋が

十分収縮せずに、腕に効いてしまう場合がある。但し、後ろへ返す時は多少肘を曲げても良い。
③緊張感が抜けてしまうので、胸をすぼめて（猫背）肩を落とさない。胸は終始張った感じで動作する。

〈効果〉
　僧帽筋上部〜中部。ダンベルの場合、バーベルの場合は上部のみ。

◆マシン・シュラッグ

〈基本動作〉
　ほとんどの基本的フォーム・動作はバーベルに類似する。ただ、バーベルだと大腿部が邪魔をして、肩を後ろへ返すことは難しいが、マシンだとそれが容易に出来る。多少前傾姿勢で行なえば、僧帽筋中央部にまで効かせることが出来る。

〈呼吸〉
　上げながら吐いて、下げながら吸う。

〈注意点〉
　バーベルシュラッグと同様。

〈効果〉
　僧帽筋上部〜中央部。

マシン・シュラッグ

◆リバース・シュラッグ

〈基本動作〉
　肩幅位の間隔で、バーベルを体の後ろで握る。この時、手の甲は身体に向いている。そこから肘を曲げながら、肩甲骨を寄せて、なおかつ上へバーを引く。収縮しきった所で１秒ほど止めて、元の位置へ戻す。戻す時は肩甲骨を徐々に開いていき、肘も伸ばしていく。

〈呼吸〉
　シュラッグと同じ。

〈注意点〉
　バーベルを真っすぐ上に上げない。フロントのバーベルシュラッグと同じになってしまう。

〈効果〉
　僧帽筋中央部。

リバース・シュラッグ

BICEPS

第5章

上腕二頭筋、前腕のトレーニング

FOREARMS

◆バーベル・カール

〈基本動作〉

肩幅位のスタンスで直立し、バーベルを肩幅くらいのアンダー・グリップで握る。この時、肘は伸ばしきる一歩手前で保持し、そこをスタートポジションとする。そこから上腕二頭筋が最も収縮する位置までゆっくりとカールし、ワンクッションおいてから元の位置までゆっくりと戻す。

〈呼吸〉

吐きながら上げて、吸いながら戻す。

〈注意点〉

①上体は動作中終始直立を保つ。上級者においては、時に上体の反動を使って高重量を扱うこともあるが、初心者が上体の反動を使ってまで高重量を上げても、上腕二頭筋から刺激が抜ける場合が多い。

②肘を固定してバーベルを上げ下げする。バーベルを上げるのと同時に肘も上げてしまうと三角筋の関与が強くなり、二頭筋から刺激が抜ける。上級者は肘を多少上げることにより収縮感を強めることもあるが、初心者には意識が難しいようである。

③バーベルを戻す速度は、上げる速度よりもゆっくりと行うべきである。また、スタートポジションでは、肘を伸ばしきらない。

④前腕に刺激が移行するので、手首を巻き込んで動作しない。手首は真っすぐに保つ。

⑤上腕二頭筋の種目のほとんどに言えることであるが、一番のポイントは二頭筋の一番収縮するポイントを自分で早く見つけだすことである。あまり巻き上げ過ぎても刺激は逃げるし、巻き上げ過ぎなければ当然収縮感は甘くなる。始めは多少軽い重量で、そのポイントを探すべきだろう。

バーベル・カール

ワイドグリップで行う

ナローグリップで行う

〈効果〉
上腕二頭筋、補助筋：前腕屈筋群。

〈バリエーション〉
◎ワイドグリップで行なう
肩幅よりこぶし一個分広くバーベルを握って行う。上腕二頭筋内側（短頭）に強く効く。大まかな動作はスタンダードのバーベル・カールと同じだが、動作中やや肘が開きやすいので肘を体側につけて行うと良い。
◎ナローグリップで行なう
バーベルを握る間隔をこぶし二個程度開けて行なう。上腕二頭筋外側（長頭）に強く効く。

ダンベル・カール

オルタネイトで行なう

◆ダンベル・カール
〈基本動作〉
この種目はスタンディングでもシーテッドでも行なうことができる。また、シーテッドでもフラットベンチと背もたれのあるベンチとの２通り行なうことができる。それらの違いは、スタンディングよりもシーテッド、シーテッドでもフラットよりも背もたれのある方が、よりストリクト（厳密）に行なうことができる。ここでは、バーベル・カールでは行なえないシーテッドでのダンベル・カールを説明しよう。
ベンチの端に座り、上体を直立に保つ。背もたれのあるベンチでは、背もたれを90度に立てて、腰が背もたれに当たるように深く腰掛ける。両手にダンベルを手のひらが前へ向くように握り、肘は伸ばし切る一歩手前で保持する。そこから両手同時に二頭筋の一番収縮するところまで上げる。ワンクッションおいてからゆっくりと元の位置まで戻す。

〈呼吸〉
バーベル・カールと同じ。

〈注意点〉
①ダンベルの軌道は体側に沿るのではなく、やや開き気味の軌道を取る。
②収縮しきったところで、多少手首を捻ると収縮感が強まる。
その他に関しては、バーベル・カールと同じなのでここでは省かさせてもらう。

〈効果〉
上腕二頭筋（バーベル・カールより収縮間及びストレッチ感が強い）、補助筋：前腕屈筋群。

〈バリエーション〉
◎オルタネイトで行なう
ダンベルを両手同時ではなく、交互に巻き上げる。この方が重い重量が扱える上、意識がしやすい。但し、初心者には初めからオルタネイトで行なうことは勧めない。なぜなら、ダンベルを持っている時間が長いので、二頭筋より先に前腕が効いてしまうからである。初心者は、始め両手同時に行ない、上がらなくなったらオルタネイトで行なう、というようにした方が良いだろう。
◎ダンベルを回転させながら動作する
　スタンダードでは、スタートポジションで手の平は上を向けておくが、手の平を体側に向けておいてダンベルを上げるに従い手首を回外（小指側を上げるように手首を回転させる）させていき、フィニッシュではスタンダードと同じポジション（手のひらが上を向いている）にする。そして、降ろして行くに従い、今度は手首を回内（小指側を下にするように手首を回転させる）させて行き、元の位置まで戻す。このように、ダンベルを回転させながら動作することにより可動範囲が広がる（特にストレッチ感が強くなる）。

◆インクライン・ダンベル・カール

〈基本動作〉
　ベンチの背もたれを45度位に設定し、背中をしかっりとつけてベンチに座る。この時多少胸は張る。次に両手にダンベルを持ち、肘は伸ばし切る。腕は肩が痛くない程度まで下に降ろす。そこから、両手同時に二頭筋の一番収縮する所まで上げ、ワンクッションおいてから元の位置まで戻す。

〈呼吸〉
　上げながら吐いて、吸いながら戻す。

〈注意点〉
①ダンベルを上げる軌道は、身体に沿る。　三角筋が痛いほど下まで腕を降ろす必要はない。かえって、二頭筋から刺激が抜ける。

ライイング・ダンベル・カール

②フィニッシュで肘を上へ動かし過ぎない。

〈効果〉
　上腕二頭筋（ダンベル・カールよりストレッチ感は強まるが、逆に収縮感は弱まる）。

〈バリエーション〉
◎ダンベルを体側から離して巻き上げる。スタートポジションで肘は伸ばし切るが、前から見て、腕が八の字の状態から始まる。そこから肩の方へ巻き上げ、フィニッシュでは手の平が自分の方へ向く。長頭により強く効く。

インクライン・ダンベル・カール

◆ライイング・ダンベル・カール

〈基本動作〉
　両手にダンベルを持ってフラットベンチに仰向けになり、三角筋が痛くならない程度まで腕を下に降ろし、軽く胸を張る。そこからゆっくりと両手同時にダンベルを上げ、収縮しきった所でワンクッションおき、ゆっくりと元の位置に戻す。

〈呼吸〉

インクライン・ダンベル・カールと同じ。

〈注意点〉

①ダンベルを降ろした時、胸を張ることに意識をする。胸がすぼまってしまうと、ストレッチ感が抜けてしまう。高度なテクニックとしては、ダンベルを上げるに従い段々と胸の張りをすぼめていき、再び降ろすに従って胸を張っていく。このようにすると、ストレッチ感も収縮感も多少強めることができる。

②足はベンチの上へ置く。床の上に置くとブリッジをしてしまい、そうすると収縮感が弱まるからである。下半身の力は極力抜いているようにする。

そのほかに関しては、インクライン・ダンベル・カールに類似する。

〈効果〉

上腕二頭筋（ストレッチ感はインクライン・ダンベル・カールよりもさらに強まるが、収縮感はより弱まる）。

コンセントレーション・カール

プリチャーベンチ・カール

◆コンセントレーション・カール

〈基本動作〉

フラットベンチの端に腰掛け、片手にダンベルを持つ。ダンベルを持っている方の上腕三頭筋下部を同じ方の大腿部（内側広筋辺り）に当て、固定する。もう一方の手は、その手と同じ方の大腿部におく。肘は伸ばし切る一歩手前で保持し、そこから体に近い軌道を通って収縮ポジションまで上げる。収縮仕切ったところで１、２秒止め、ゆっくりと元の位置へ戻す。

〈呼吸〉

上げながら吐いて、戻しながら吸う。

〈注意点〉

①上体は前傾させたポジションをとるが、収縮感が弱くなるので、肩の位置が膝より前へ出ないようにする。

②体から離れた軌道でダンベルを上げ下げしないようにする。体から離れると上腕二頭筋短頭の刺激が強まるので、目的と違ってしまう。

〈効果〉

上腕二頭筋（特に長頭上部に強く効く）収縮感がバーベル・カールやダンベル・カールより強いので、

二頭筋のピーク作りに適している。

◆プリチャーベンチ・カール

〈基本動作〉

バーベルを肩幅位の間隔で握り、プリチャーベンチの傾斜の緩い方に上腕部を半分くらい乗せ固定する。スタートポジションでは肘は伸ばし切る一歩手前で保持し、手首は真っすぐに保つ。そこから収縮ポジションまで上げたら、1、2秒ホールドしてから元の位置までゆっくり戻す。

この種目はワンハンドでダンベルを使っても行なうことができる。ダンベルの方が可動範囲は広くなる。

ベントオーバー・コンセントレーション・カール

〈呼吸〉

上げながら吐いて、戻しながら吸う。

〈注意点〉

①肘は伸ばしきらないが、バーベル・カールよりは肘を伸ばす。
②上腕部を深くベンチに乗せると、支点が変わるので効果も違ってくる。
③バーベルを上げた時、肘をベンチから離さない。二頭筋下部の収縮感が弱くなる。
④僧帽筋をすくめた状態でベンチに腕を置かない。これも収縮感が弱まる。

〈効果〉

上腕二頭筋下部。

◆ベントオーバー・コンセントレーション・カール

〈基本動作〉

バーベルを肩幅位の間隔で握り、上体を水平よりやや高めの状態まで前傾させて固定する。この時、膝はやや曲げておく。上腕は床に対して90度まで降ろすのではなく、やや上に保ち、肘は伸ばし切る一歩手前で保つ。そこから肘の位置は動かさずに、収縮ポジションまでバーベルを上げ、1、2秒置いてからゆっくりと元の位置へ戻す。

この種目はダンベルを用いて行うことができる。その場合、片手で何かに掴まって動作できるので上体を床と平行まで倒して行うことができ、また腰への負担も軽減される。上体をより倒すことで上腕二頭筋の収縮感は強まる（但し、ストレッチ感は弱まる）。

ダンベルで行なう

〈呼吸〉

コンセントレーション・カールと同じ。

〈注意点〉

①バーベルで行なう場合、上体を床と平行まで倒さない。腰への負担が強まり、二頭筋より先に腰が疲れてしまう。

〈効果〉

上腕二頭筋上部。

スライド・カール

◆スライド・カール

〈基本動作〉

バーベルをアンダーグリップで肩幅位の広さで握り、肩幅位のスタンスで上体を直立に保って立つ。肘を伸ばし切る一歩手前から、肘を後ろに引きながらバーベルをゆっくりと前腕が床と平行になるまでカールする。ワンクッションおいてからゆっくりと元の位置へ戻す。

〈呼吸〉

吸いながら降ろして、吐きながら上げる。

〈注意点〉

①肘を開いて上げない。肘は締め気味で動作する。

②上げながら肩も同時にすくめない。僧帽筋に刺激が移行し、上腕二頭筋から刺激が抜ける。

③前腕を床と平行より上へは上げない。しっかりと肘が引けていれば、前腕が平行より上まで上がらないはずである。

〈効果〉

上腕二頭筋下部、舞え腕屈筋群（二頭筋上部は神張式の筋収縮をしている）。

21 カール

◆21 カール

〈基本動作〉

基本的なフォームは、バーベルカールと同じ。まず初めにスタートポジションから前腕が床と平行になる所までカールし、そのままゆっくりと元の位置へ戻す。この動作を7レップス繰り返す。次にインターバルを置かずに、前腕が床と平行の位置をスタートポジションとし、二頭筋が一番収縮する所までカールする。これを7レップス繰り返す。そして、更にフルレインジで7レップス繰り返し、これを1セットとする。合計で21レップス行なうのでこの名称がつけられた。

〈呼吸〉
吸いながら降ろして、吐きながら上げる。

〈注意点〉
レップスが多いので重量は必然的に軽くなる。
早くパンプアップできるので、二頭筋に効きにくい人には良いかも知れない。 その他に関してはバーベルカールに類似する。

〈効果〉
上腕二頭筋、補助筋：前腕屈筋群。

プローン・インクライン・カール

◆プローン・インクライン・カール
〈基本動作〉
ベンチの角度を30～45度位につけて、顔をベンチの端から出してうつ伏せになる。バーベルを肩幅位で握り、肘を伸ばし切る一歩手まで保持する。そこから、ゆっくりと二頭筋が一番収縮する所までカールする。1～2秒おいてからゆっくりと元の位置まで戻す。

この種目はダンベルで行なうことができる。ダンベルの方が可動範囲が広いが、バーベルの方が動作を安定して行なうことができる。

〈注意点〉
①上げるに従い肘を後ろ引かない。刺激が前腕や肩へ刺激が移行してしまう。肘の位置は終始一定に保って動作する。
②体をベンチから離して上げない。体を離して上げるほどの高重量を扱う必要はない。
③スタートポジションで肘を伸ばしきらない。この種目は収縮を重視する。

ゾットマン・カール

〈効果〉
　上腕二頭筋のピークを出すのに適している。

◆ゾットマン・カール

〈基本動作〉
　両手にダンベルを持ち、手の平が後ろを向くように肘を伸ばして保持をする。まず片手を、手首を回外（小指から上げるように手首を回転させる）させながら、二頭筋が一番収縮する位置までカールする。ワンクッションおいてから、手首を回内（小指から降ろすように手首を回転させる）させながらダンベルを降ろしていくが、ダンベルを降ろし始めるのと同時に、もう一方の手に持つダンベルを同じような動作で上げ始める。

〈呼吸〉
　ダンベルを上げる動作の2/3位までに息を吸い込み、収縮ポジションにくるまでに息を吐く。

〈注意点〉
①両手同時に違う動作を行なうので、初めは手首の動きを意識しながら行なう。特にスタート、ミッド、フィニッシュの位置が重要なので、そこを特に意識する。
②フィニッシュでは、肘を身体の横につけて、ダンベルを肩よりも外側に出して小指を返すようにすると、収縮感が強まる。
③二頭筋の最大ストレッチ、最大収縮ができる種目なので、バルクアップというよりも仕上げに行なう。

〈効果〉
　上腕二頭筋、補助筋：腕橈骨筋（わんとうこつきん）。

◆ハンマー・カール

〈基本動作〉
　両手もしくは片手にダンベルを持ち、手の平が身体の横に向くように保持する。このとき肘は伸ばし切る一歩手前で止める。そして、手の向きをそのままの状態でカールする。ワンクッションおいてから、ゆっくりと元の位置へ戻す。

〈注意点〉
①肘を体側につけて動作しない。つけて行なうと二頭筋のみの効果になる。脇を多少開けた状態で、三頭筋が広背についている程度で良い。
②脇を開けすぎて動作してもいけない。これだと前腕に刺激が移行してしまう。 肘は固定して動作する。
③ダンベルを上げる軌道をあまり身体に沿わせると、二頭筋の収縮感が弱まる。

〈効果〉
　上腕二頭筋（特に長頭）、上腕筋、腕橈骨筋。

ハンマー・カール

ダンベル・インナー・カール

◆ダンベル・インナー・カール

〈基本動作〉

両手にダンベルを持ち、手の平を前へ向け脇を締めて保持する。この時肘は伸ばしきる一歩手前、ダンベルは身体からやや離しておく。手の平を前へ向け、脇を締めたままダンベルを肩の外側に持ってくるようにカールする。ワンクッションおいてから、元の位置へゆっくりと戻す。

〈呼吸〉

ダンベル・カールと同じ。

〈注意点〉

①脇を開いて動作しない。又、肘の位置を動作中動かさない。二頭筋から肩へ刺激が移行する。

②ダンベルを真っ直ぐ前にカールすると、二頭筋内側から外側へ刺激が移行する。この種目はダンベルを肩の外側へカールする所がポイントである。

〈効果〉

上腕二頭筋内側（短頭）。スタンダードのダンベル・カールよりも収縮感が強い。

◆ケーブル・カール

〈基本動作〉

ロープーリーにつないだストレートバー（ＥＺバーでも良い）を肩幅よりやや狭めに握る。マシンのウェイトスタックがつかないで、かつ肘が身体より肘が前へ出るような所に直立する。そこからゆっくりと二頭筋が一番収縮する所までカールする。ワンクッションおいてからゆっくりと元の位置へ戻す。

この種目は、ワンハンドで行なうこともできる。ワンハンドの方が、フィニッシュで手首を回外できる分、収縮感を強めることができる。

〈注意点〉

①肘の位置を身体より後ろにおくと、ストレッチ感が弱くなる。

②上げる時、体を後ろへ反らすなどの、チーティング動作を使わない。この種目は、バーベル・カールのように高重量をチーティングを使って上げるのではない。軽めの重量で効かす種目なので、動作はバーベル－カールよりもゆっくりとなる。

〈効果〉

ケーブル・カール

ケーブル・カール（ワンアーム）

上腕二頭筋。バーベル・カールより可動範囲が広く、刺激が抜けにくい。

◆ラットマシン・カール

〈基本動作〉

ハイプーリーにグリップを繋ぎ、その下へフラットベンチを置く。グリップを肩幅よりやや狭めに握り、プーリーが肩より少し上（顔の方）へくるようにフラットベンチに仰向けになる。そこから指が額に当たるぎりぎりまでカールし、１～２秒おいてから元の位置へ戻す。

〈注意点〉

①スタートポジションで肘を伸ばしきらない。

②フラットベンチに仰向けになるとき、プーリーが肩より下（腹の方）へこないようにする。収縮感を強めるには、肘を上げなくてはならない（上腕を体

ラットマシン・カール

側より上げる)。よって肘の位置が肩より下へくると、ピークと言うよりは二頭筋全体へ効果が移行してしまう。
③収縮感が弱まるので、肘を開いて動作しない。

〈効果〉
上腕二頭筋のピーク。

◆サーカムディクション・カール

〈基本動作〉
軽めのダンベルを両手に持ち、手の平を前へ向けて直立する。この時肘は伸ばし切る一歩手前に保っておく。そこから、両手を同一方向に円を描くように上げる。収縮ポジションまで上げたら１～２秒止め、半円を描くようにして反対側へとダンベルを移行させ、再び１～２秒二頭筋を収縮させたらスタートポジションまで戻す。
１レップ毎に上げる方向を逆にしても良いし、１セット毎に逆にしても良い。

〈呼吸〉
上げながら吐いて、ダンベルを右(左)から左(右)へ移行させながら息を吸い、止めた時に息を吐き、スタートポジションに戻りながら再び息を吸う。

〈注意点〉
①両脇は終始締めて動作させる。脇が開くと収縮感が弱まる。
②両ダンベルは同一方向に上げが、当然ダンベルを身体に沿って上げる方の腕の収縮感は、逆の腕よりも弱くなる。よってそちらの腕への意識が必要である。
③ダンベルを上げる高さを同じにする（角度は違う)。左右の二頭筋の収縮箇所が違うので、同じ高さに上げることは始めは難しい。鏡に向かって動作すると行ないやすい。
④ダンベルを右（左）から左（右）へ移行させる時、二頭筋の緊張を抜かない。二頭筋を収縮させたまま移行させること。

〈効果〉
上腕二頭筋全体。但し、高重量は扱えないのでバルクアップの種目とは言えない。上腕二頭筋の長頭・短頭、及び上腕筋まで一度に刺激することができるので、仕上げの種目としては適している。ビルダーはあまり行なわない。

◆ダブルバイセップス・カール

〈基本動作〉
やや肘を曲げた状態で、ハンドルが耳の辺りにく

サーカムディクション・カール

ダブルバイセップス・カール

るように腕を上げて保持する。そこから肘の位置を動かさずに、二頭筋が一番収縮するところまでカールする。フィニッシュポジションが、丁度ダブルバイセップスポーズをとっているような感じになれば良い。1～2秒止めてから、元の位置までゆっくり戻す。

〈呼吸〉
息を吐きながらカールして、吸いながら戻す。

〈注意点〉
①肘の位置は動作中一定に保つ。肘を下げてしまうと収縮感が弱まり、目的がピーク作りではなくなってしまう。
②手首を巻き込んで動作しない。ダブルバイセップスポーズでは、時に手首を巻き込んで取るが、二頭筋から刺激が前腕へ移行するので、この種目では巻き込む必要はない。
③肘の位置を前後に動かさない。肘は肩の真横よりやや前気味の位置に固定して動作する。

〈効果〉
上腕二頭筋のピーク。

◆マシン・カール

〈基本動作〉
現在では様々なタイプのカール・マシンが登場してきている。ここでは、ハンドルを真正面からカールしてくるタイプのマシンで説明する。
肩を落とした状態で、両上腕三頭筋がパッドにぴったりと脇の下までつくように椅子の高さを調節する。グリップを肩幅くらいの間隔で握り、肘を伸ばし切る一歩手前で保持し、そこをスタートポジションとする。そこから二頭筋が一番収縮するところまでカールし、そこで1～2秒止めてから元の位置までゆっくりと戻す。

〈呼吸〉
吐きながらカールして、吸いながら戻す。

〈注意点〉
①パッドから脇が離れないようにする。離れてしまうとピークというよりも二頭筋下部に刺激が移行する。
②収縮感が甘くなるので、上げながら肘を開かない。

マシン・カール

③フィニッシュで刺激が抜けやすくなるので、手首を巻き込んで動作しない。
④上体は直立を保つ。身体が斜めになると収縮感が甘くなる。また身体を前後にブラして動作しない。収縮感重視の種目なので、そこまでして高重量を扱う必要はない。

〈効果〉
上腕二頭筋のピーク。一般のフィットネスクラブに普及しているプリチャーベンチ型のマシンは、ピークではなく二頭筋下部に効果がある。

リバース・カール

◆リバース・カール

〈基本動作〉
バーベルを肩幅くらいの間隔でオーバーグリップで握り、肘を伸ばし切る一歩手前で保持する。そこから肘の位置を動かさずに、腕橈骨筋が一番収縮するポジションまで上げる。ワンクッションおいてから、ゆっくりと元の位置まで戻す。
手首の堅い人が、ストレートバーをオーバーグリップで握って動作することで、関節が痛く、目的とする部位に十分刺激が得られない場合がある。そういった人は、ＥＺバーを使うと動作しやすい。

〈呼吸〉
吐きながら上げて、吸いながら戻す。

〈注意点〉
①三角筋へ刺激が移行するので、バーベルを上げるのと同時に肘も上げない。
②上腕筋から刺激が抜けて、三角筋へ刺激が移行するので、肘を開いて動作しない。
③腕前橈骨筋の収縮感が甘くなるので、手首を巻き込んで動作しない。

〈効果〉
腕橈骨筋、上腕筋、上腕二頭筋外側。

◆リスト・カール

〈基本動作〉
両手の間隔を一拳半程度開けてバーベルをアンダーグリップで握る。フラットベンチに腰掛けて、大腿部の上に手首から前が膝から出るように前腕を

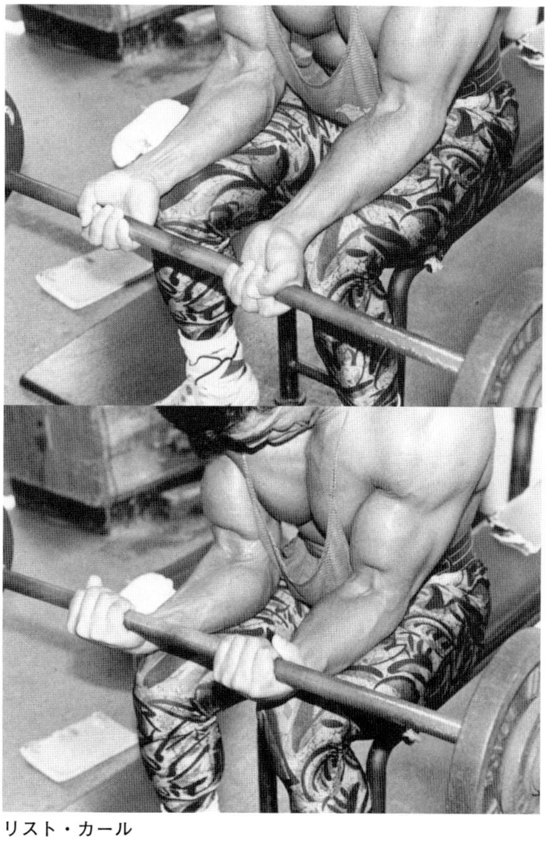
リスト・カール

乗せる。親指のグリップを解かない範囲内で手首を最大限に返し、一番前腕が収縮するところまで巻き上げる。その時バーベルを強く握るようにする。そして、ワンクッションおいてから元の位置へ戻す。
ベンチの上に前腕を乗せて行う方法もある。この場合、チーティング動作が使いにくくなる。

〈呼吸〉
吐きながら挙げて、吸いながら戻す。

〈注意点〉
①親指のグリップを解かずに手首を返し過ぎない。手首を痛める危険性が高い。上級者は時には、親指のグリップを解いてバーベルを指先まで落とすが、初心者はそこまでする必要はない。収縮を重視して行なうべきである。
②手幅をあまり広く取らない。収縮感が甘くなる上に、手首を痛める危険性がある。
③可動範囲が狭くなるので、大腿部に置いている前腕の裏側は、動作中終始離さないようにする。
④肘を開かない。両前腕は平行に置く。

リバース・リスト・カール

〈効果〉
前腕屈筋群。

◆リバース・リスト・カール

〈基本動作〉
両手の間隔を肩幅よりやや広めにとり、バーベルをオーバーグリップで握る。ベンチに座り、大腿部に手首から前が膝から出るように前腕を置く。最大限にバーベルを降ろし、一番収縮する所までゆっくりと上げる。ワンクッションおいてから、ゆっくりと元の位置へ戻す。

〈呼吸〉
リスト・カールと同じ。

〈注意点〉
①扱う重量は、リスト・カールよりも軽くなる。
その他に関してはリスト・カールに類似するので、省かせてもらう。

〈効果〉
前腕伸筋群。

◆スタンディング・リスト・カール

〈基本動作〉
肩幅くらいの間隔でオーバーグリップでバーベルを握り臀部の後ろへ保持する。親指のグリップを解いて残りの４本指の先までバーベルを降ろし、手を握り締めながら手首も巻き上げる。ワンクッションおいてから元の位置へ戻す。

〈呼吸〉
リスト・カールと同じ。

〈注意点〉
①手首を巻き上げるのと同時にシュラッグ（肩をすくめること）したり、肘を上げない。僧帽筋や二頭筋へ刺激が移行する。
②肩甲骨を寄せるほど胸を張って動作しない。シュラッグしやすくなる。軽く張る程度で良い。
③下半身でチーティングを使わない。

〈効果〉
前腕屈筋群。リスト・カールよりもストレッチ感は弱くなるが、握力は鍛えられる。

スタンディング・リスト・カール

◆プリチャーベンチ・リバース・カール

〈基本動作〉

肘をベンチで固定するのでＥＺバーを使う。上腕三頭筋を半分位ベンチの上に乗せ、肘が伸びきる一歩手前で保持する。そこから腕橈骨筋が一番収縮する所まで上げ、ワンクッションおいてから元の位置まで戻す。

〈呼吸〉

吐きながら挙げて、吸いながら戻す。

〈注意点〉

①ストレートバーを使用すると肘が開きやすくなり、腕橈骨筋の収縮感が弱まる。

②パッドに深く腕を乗せてしまうと、動作がやりにくくなる。

③腕橈骨筋の収縮感が弱まるので、手首を巻き込まないようにする。

〈効果〉

腕橈骨筋、上腕筋、上腕二頭筋長頭。

プリチャーベンチ・リバース・カール

レバレッジバー

◆レバレッジバー

〈基本動作〉

片手もしくは両手にバーを握り、身体の横に保持する。この時肘は伸ばしきる。ウェイトのついている端を最大限にして へ降ろし、肘が曲がらない範囲内で最大限にウェイトを上げる。ワンクッションおいてから、ゆっくりと元の位置へ戻す。

〈呼吸〉

吐きながら上げて、吸いながら戻す。

〈注意点〉

①収縮感が甘くなるので、肘を曲げて動作しない。

②腕を固定して、手首より下だけを動作させる。

〈効果〉

腕橈骨筋、前腕伸筋群。

TRICEPS

第６章
上腕三頭筋のトレーニング

◆ライイング・トライセップス・エクステンション

〈基本動作〉

　バーベル（手首への負担が少なく動作中肘が開きにくいＥＺバーの使用を勧める）を握りこぶし１個半程度の間隔をあけてオーバーグリップで握り、仰向けになり肘を伸ばして顔の上辺りで保持する。次に肘を曲げて額の上をめがけてバーベルをゆっくり降ろしていき、バーベルが額に着く一歩手前まで来たら、元の位置まで肘を伸ばしていく。この時意識が出来るなら、肘を完全にロックさせても良いが、初心者はロックさせると緊張が抜ける場合が多い。

〈呼吸〉

　息を吸いながらバーベルを下げて、吐きながら上げる。

〈注意点〉

①負荷が逃げるので、動作中に肘を開かない。
②サムレスグリップ（親指を巻かないで握る）で握る。サムアラウンドグリップ（親指を巻き込んで握る）だと肘が開きやすい。
③手首を倒すと上腕三頭筋に負荷がかかりにくいので、動作中出来るだけ手首をまっすぐに保つ。バーベルを握る際、手の平の中でも手首に近い位置に乗せて指で挟むように固定すると、バーベルを下ろした時にも手首を真っすぐに保ちやすい。
④動作中の上腕はスタート時の位置から動かさないこと。

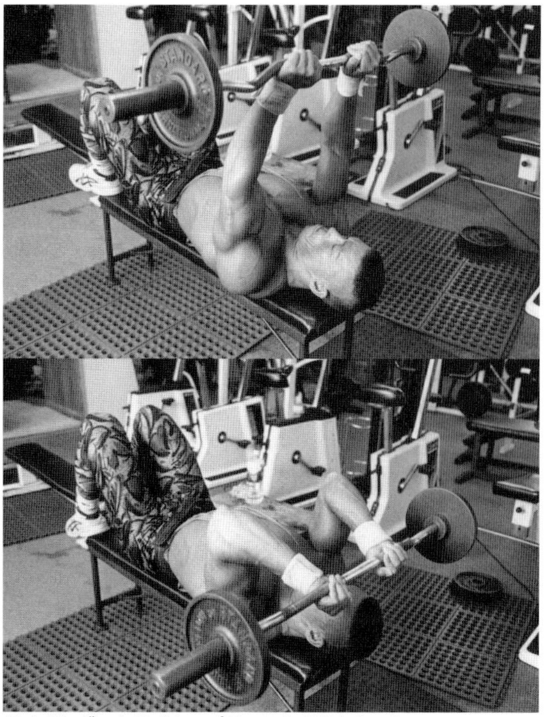

ライイング・トライセップス・エクステンション

ダンベルで行なう

ワンハンドで行なう

〈効果〉

　上腕三頭筋全体。

〈バリエーション〉

◎ダンベルで行なう

　ダンベル平行に握って行なう。上腕三頭筋の中でもより長頭（ちょうとう）に効く。ＥＺバーで行なうよりも、手首の位置が楽になり、肘も固定しやすい。上級者がよりストレッチ感を得るためにダンベルを首の後ぐらいまで下ろすこともある。

◎ワンハンドで行なう

　ダンベルを肩口に降ろす方法がよく行なわれる。この方法では、上腕三頭筋の中でもより外側頭に効く。ワンハンドで行なうもう一つの利点としては、空いた方の手を使って、肘の固定や自分自身による補助が可能になる。

◆クローズ・グリップ・ベンチプレス

〈基本動作〉

　バーベルを握りこぶし１個半程度の間隔を開けてオーバーグリップで握り、ベンチの上に仰向けになる。この時脚はベンチの上に置く。バーベルは真上に保持して、そこからゆっくり大胸筋の上部まで降ろす。下ろした時は頭を少し上げ気味にする。上腕三頭筋の負荷が抜けない程度の位置まで降ろしきったら、元の位置までバーベルを押し上げ、フィニッシュでは胸を張って強く上腕三頭筋を収縮させる。

クローズ・グリップ・ベンチプレス

〈呼吸〉

息を吸いながらバーベルを下げて、吐きながら上げる。

〈注意点〉

①手幅をあまり狭くし過ぎると、手首への負担が大きくなるので気をつける。

②脚をベンチに乗せる。床に置くと胸を張りやすくなり、大胸筋の関与が大きくなってしまう。

③大胸筋の関与を防ぐには、肘が身体より下がらないことがポイントで、バーベルを大胸筋の下部かそれよりも下に降ろすと肘が深く下がり、大胸筋がストレッチされて胸の種目になってしまう。また、バーベルを下げた時に頭を少し上げるのも、胸を張ることによるストレッチを防ぐためである。

④バーの乗せ方はライイング・トライセップス・エクステンションと同じ。この乗せ方なら前腕に意識が移ってしまうことを防ぐこともできる。

⑤プレスする軌道は、肘を開かず降ろした位置から真っすぐ上げる。肩の方へ上げてしまうと刺激が抜けてしまう。

〈効果〉

上腕三頭筋全体に効くが、肘を意識して閉めて行なうと長頭に効果があり、開き気味にして行くにつれて外側頭にも効くようになる。また、三角筋前部が動作に関与しやすい種目だが、思いウェイトを扱えるので上腕三頭筋のバルクアップに適している。

◆フレンチプレス

〈基本動作〉

ＥＺバーを、オーバーグリップで握りこぶし１個半程度の間隔で握り、背もたれのあるベンチに座る。背もたれに少しよりかかり、肘を伸ばしてバーベルを降ろしていく。耳の後ろあたりまでバーベルが降りてきたら、元の位置まで戻す。

〈呼吸〉

吸いながらバーベルを降ろして、吐きながら上げる。

〈注意点〉

①動作中、肘を開かない。

②この種目を背もたれのないベンチで行なったり、立って行なうことも可能だが、背もたれのあるベンチで行なうと腰への負担が少なく、また、少し背もたれに寄り掛かり身体に角度をつけることで、肩関節が堅い人でも楽に腕を頭上に上げた状態での動作をすることが出来、肩自体への負担も少ない。

③バーを降ろした時、完全に降ろしきってしまう

フレンチプレス

ダンベルで行なう

ワンハンドで行なう

と、負担が抜けてしまうだけでなく、肘を痛める危険もあるので、負荷が抜ける手前で止める。

〈効果〉
上腕三頭筋長頭に強く効く。強いストレッチ感が得られる。

〈バリエーション〉
◎ダンベルで行なう
手首の負荷が少なくなり、上腕三頭筋でもより長頭に効く。ただし、重くするとダンベル自体の大きさが邪魔になって肘の位置を固定しづらくなる。しかし、一つのダンベルを両手で持って行なう場合は逆に肘が閉めやすく、肘が開く癖のある人に良い。
◎ワンハンドで行なう
片方の手で行なうだけで基本動作は変わらないが、自然にダンベルが降りる位置としては頭の後辺りになる。また、空いた方の手で肘を固定できる。

◆ダンベル・キックバック
〈基本動作〉
片方の手にダンベルを持ち、ベンチに片手、片脚をつき、上体を床と平行にして背筋を伸ばす。ダンベルを持った方の腕の肘を身体に寄せ、上腕と前腕の角度が90度になるようにして、肘を固定したまま小指側からダンベルを上げていく。肘を伸ばしきった時に、ぎゅっと上腕三頭筋を収縮させる。少し止めた後、ゆっくり元の位置まで戻す。

〈呼吸〉
吐きながらダンベルを上げて、吸いながら降ろす。

〈注意点〉
①ダンベルを戻す時に、上腕と前腕の角度が90度以下になるまで戻し過ぎると、緊張が抜けてしまう。
②肘が固定できないと緊張が抜ける。また、肩を落として胸を張った状態でなければ収縮感が甘くなる。

〈効果〉
上腕三頭筋全体に効果があるが、長頭重視の時は、肘を気味にし、外側頭重視の時は肘を開き気味にすると良い。ストレッチ感は弱い種目だが、強い収縮感は得られる。

◆トライセップス・ディップス・ビィトゥイーン・

ダンベル・キックバック

ザ・ベンチ

〈基本動作〉

２つのベンチを身体の前後に並べ、後方のベンチの縁に手を、前方のベンチの縁に足のかかとを乗せる。ベンチの幅は、臀部が後方のベンチに触れるか触れないかくらいの位置になるようにセットする。手幅は肩幅より少し広めにして、肘を伸ばした状態から真下に身体を下ろしていく。上腕が地面と平行になるか、或いは上腕と前腕の角度が90度になる位まで下ろしたら、元の位置まで戻す。肘をロックして緊張が抜けてしまう人は、伸ばしきる前に止める。

〈呼吸〉

吸いながら身体を降ろし、吐きながら上げる。

〈注意点〉

①大胸筋に刺激が分散するので、降ろす時に胸を張らない。
②身体を降ろし過ぎると肩にストレスがかかり、ケガの原因となる。
③上げる時に重心が前にいくと刺激が抜けるので、降ろした位置から真っすぐ上げる。
④自分の体重にウェイトを加えたい場合は、股関節から大腿部の上辺りにプレートを置くと良い。

〈効果〉

上腕三頭筋全体。

◆バーベル・キックバック

〈基本動作〉

ベンチに仰向けになり、オーバーグリップで握りこぶし１個半程度の間隔で握ったバーベル（ＥＺバー）を鼻の上の辺りに保持し、そこから頭上に肘を伸ばしていく。完全に肘を伸ばしたらゆっくりと元の位置に戻す。

〈呼吸〉

吐きながら肘を伸ばし、吸いながら戻す。

〈注意点〉

①動作中に肘を開かない。
②肘を伸ばす時に肩まで一緒についていかないようにする。肩は下げた位置で固定すること。
③バーの乗せ方はライイング・トライセップス・エクステンションと同じ。

〈効果〉

上腕三頭筋全体。高重量は扱えないのでストレッチ感は弱い。

トライセップス・ディップス・ビトゥイーン・ザ・ベンチ

バーベル・キックバック

◆プルオーバー・アンド・プレス

〈基本動作〉

握りこぶし2個程度の間隔でオーバーグリップでバーベルを握り、ベンチに仰向けになってクローズ・グリップ・ベンチプレスのバーベルを降ろした状態にする。そこから半円を描きながら顔の上を通って頭の下へバーベルを降ろしていき、降ろしきったら、また半円を描いて元の位置に戻す。そして、そのままクローズ・グリップ・ベンチプレスを行ない、再びバーベルを降ろした最初の位置に戻す。

〈呼吸〉

息を吸いながらバーベルを頭の下に降ろし、吐きながら腕前まで持ってくる。ここで再び息を吸い込み、プレスしながら息を吐き、吸いながら降ろす。

〈注意点〉

①プルオーバーの動作でも、肘を開かない方が上腕三頭筋のストレッチ感が高まる。
②プレスの動作では、バーベルを降ろした状態で頭を上げ気味にして胸を張ることを防ぐが、プルオーバーでバーベルを下ろす時は胸を張って、背中と上腕三頭筋が十分ストレッチ出来るようにする。
③胸の上でバーを置いて休まない。緊張が途切れる。
④バーの乗せ方はクローズ・グリップ・ベンチプレスと同じ。

〈効果〉

上腕三頭筋全体に効果があるが、バーベルを頭の下に降ろすプルオーバーの動作では、上腕三頭筋を強くストレッチすることができる。また、プルオーバーの動作では大円筋や広背筋も刺激している。

◆ケーブル・プッシュダウン

〈基本動作〉

ストレートバーは肘が開きやすくなるので、ここではＶバーを使った場合で基本動作を説明する。

Ｖバーをサムレスグリップで手首に近い方で挟むように握り、胸の前で保持する。そこから肘を伸ばしていき、肘をロックして１～２秒止めたらゆっくり元の位置に戻す。動作中肘は身体の横に固定する。

〈呼吸〉

息を吐きながら降ろし、吸いながら戻す。

〈注意点〉

①刺激が抜けてしまうので、肘を曲げていく時にバーを戻し過ぎない。
②動作中、猫背にならないこと。胸が張れていないと、上腕三頭筋の収縮が甘くなる。

プルオーバー・アンド・プレス

〈効果〉

上腕三頭筋全体に効果があるが、Ｖバーで行なうことで、得に長頭への刺激が強くなる。

〈バリエーション〉

◎ロープで行なう

動作的にはＶバーで行なう場合と同じだが、

ケーブル・プッシュダウン

◎ワンハンドで行なう

両手で行なうより上腕三頭筋に意識を集中でき、肘を伸ばす方向や手首の位置も自由に出来る。また、空いた方の腕で補助が出来るという利点もある。

◆スタンディング・ハイプーリー・エクステンション

〈基本動作〉

ケーブルマシンの高いプーリーにWバーを取り付ける。そのバーの狭い方を両手で握り、上体が床と平行よりやや上になるまで傾ける。この状態で肘を深く曲げた時マシンのウェイトスタック同士がつかないようにポジショニングする。またこの時、片脚を前へ出しておくとバランスが取りやすい。上腕部は頭を挟み込むようにし、肘の位置は常に耳の横に保つようにする。ここからゆっくりと肘を伸展(伸ばすこと)させていき、肘が伸びきるまで伸展させたらワンクッションおいて元の位置までゆっくり戻す。

この種目は床に膝をついて行なう（ニーリング）ことも出来る。スタンディングよりも、よりストリクトで行なうことが出来る。

ロープで行なう

ワンハンドで行なう

ロープを使えば肘を伸ばしきる時に身体の後まで手をもっていくことが出来、より強い収縮感を得ること出来る。さらにロープを外に開けば、上腕三頭筋でも外側頭に刺激を与えることも出来る。Vバーで行なうと、どうしても強い方の腕で押すことになるが、ロープでは重いウェイトこそ扱うことは出来ないが、左右均等に負荷をかけることが出来る。

スタンディング・ハイプーリー・エクステンション

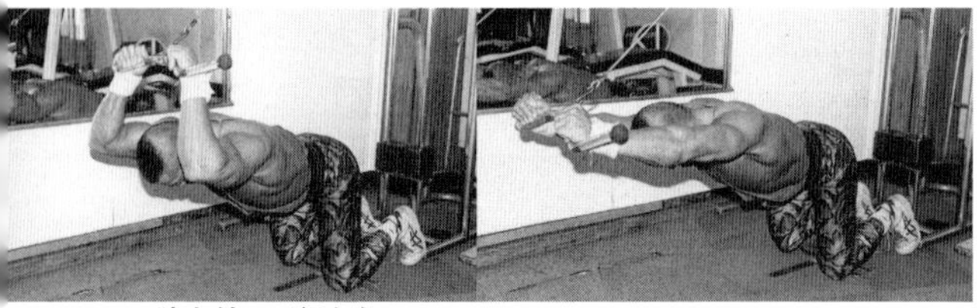
膝を付いて行なう

〈呼吸〉
吐きながら伸展させ、吸いながら戻す。

〈注意点〉
①肘の位置が下がらない様にする。下がると動作に肩が関与しやすくなり、刺激が逃げる。肘の位置は終始一定に保つこと。
②刺激が逃げるので、動作中上体をブラさない。上体を振らしてまで高重量を扱う必要はない。
③肘を開かない。開くと三頭筋から刺激が逃げる。
④バーを手の平の手首に近い位置に当てて握る。グリップはサムレスグリップの方が意識しやすい。

〈効果〉
上腕三頭筋。ライイング・エクステンションよりストレッチ感が強い。但し、高重量は扱えない。

◆**アンダーグリップ・ケーブル・プッシュダウン**
〈基本動作〉
回転式のストレートバーを、アンダーグリップで肩幅よりやや狭めに握る。上腕を身体の横につけるような感じで、脇を締めて肘を固定する。上体は軽く胸を張り、直立よりやや前で保ち、そこから肘が伸びきるまでバーを下げて行き、1～2秒止めてから元の位置へゆっくり戻す。

ワンハンドで行なう

〈呼吸〉
吐きながら下げて、吸いながら戻す。

〈注意点〉
①刺激が抜けるので、動作中脇を開いたり、肘をブラさない。
②バーを下ろす時、猫背になって腹筋の力を借りて下ろさない。

〈効果〉
上腕三頭筋全体。通常のプッシュダウンより、より三頭筋をアイソレートできるため、仕上げの種目に適している。

アンダーグリップ・ケーブル・プッシュダウン

〈バリエーション〉
◎ワンハンドで行なう
ツーハンズだとバーを大腿部の前までしか降ろせないが、ワンハンドだと大腿部の横まで下ろすことが出来るので、より収縮感を強めることが出来る。また、降ろす軌道を身体より外側にもってくると、三頭筋の外側頭により効かすことが出来る。この時、肘は常に身体につけているのではなく、下ろすに従い多少離れて行く。

◆**ナロー・プッシュアップ**
〈基本動作〉
握りこぶしを肩幅よりやや狭め

ナロー・プッシュアップ

の間隔を空けて床に手をつく。普通のプッシュアップのように肘をロックさせて上体を支え、そこから肘を締めぎみで、胸の上部を手につけるような感じで肘を折ってゆっくりと降ろして行く。胸が手につく一歩手前で止め、ワンクッションおいてからゆっくりと元へ戻す。

〈呼吸〉
吸いながら降ろして、吐きながら上げる。

〈注意点〉
①肩の関与が強くなるので、降ろす時に肘が開かないようにする。また、極端に肘を締めない。
②三頭筋のストレッチ感が弱まるので、降ろす位置が大胸筋下部にならないようにする。
③大胸筋に強く効いてしまうので、肩甲骨を寄せて胸を張って動作しない。
④負荷が弱まってしまうので、尻を下げて動作しない。
⑤三頭筋への意識が薄れてしまうので、下半身に力を入れない。

〈効果〉
上腕三頭筋全体。特に肘に近い部分に強く効く。目的としては、ナロー・ベンチプレスと一緒である。

◆リバースグリップ・ベンチプレス

〈基本動作〉
肩幅よりやや広めにバーベルをリバースグリップで握る。足はベンチの上に乗せ、軽く胸を張る。バーベルを一旦ラックから外し胸の上に保持してから、大胸筋下部へゆっくりとバーベルを降ろす。胸に突く一歩手前で止め、そのまま元の位置まで戻す。

〈呼吸〉
吸いながら降ろして、吐きながら上げる。

〈注意点〉
①胸の上部に降ろさない。大胸筋と肩のストレッチ感が強まり、逆に三頭筋のそれは弱まる。
②刺激が肩へ移行するので、上げる時、バーベルの軌道が顔の方へ行かないようにする。上げる位置は下ろした所の真上である。
③肩甲骨を寄せて胸を張って動作しない。大胸筋の種目になってしまう。軽く張る程度で良い。
④上げた時に肘をロックさせる。
⑤バーベルをラックから外す事が少し難しいので、慣れるまでは補助者に外してもらった方が良い。
⑥バーベルを乗せる位置は、手の平の手首に近い位置が良い。あまり手の平の上の方に乗せると手首に負担がかかる。

リバースグリップ・ベンチプレス

〈効果〉
上腕三頭筋全体。

◆バー・ディップス
〈基本動作〉
胸に効かすディップスよりも手幅を狭く取る（だいたい肩幅）。胸を張らないように注意しながら身体を真下へ降ろす。上腕が床と平行になる位まで下ろしたら、そのまま元の位置へ戻す。

〈呼吸〉
吸いながら降ろして、吐きながら上げる。

〈注意点〉
①肩甲骨を寄せて胸を張って動作しない。大胸筋へ効いてしまう。
②脚を後ろへ持ってきて動作すると、上体が前傾してしまい大胸筋に効いてしまう。脚は膝を曲げずに前へもってくると、前傾しにくくなる。
③肘を開いて動作しない。刺激が肩や胸に移行する。肘は身体に沿って動作する。
④肘が水平より上にくるまで深く降ろさない。肩のストレッチ感が強まるだけ。
⑤肘をロックさせると三角筋の刺激が抜けてしまう人（セットの終わり）は、肘をロックさせる一歩手前で止める。

〈効果〉
上腕三頭筋全体。

ケーブル・キックバック

◆ケーブル・キックバック
〈基本動作〉
ケーブルマシンのロープーリーに取り付けたハンドルを握り、上体を床と平行になるまで傾ける。この時もう一方の手で何かに掴まり上体を支える。肘を90度より深く曲げて保持し、そこから肘が伸び切る所までケーブルを引く。1～2秒おいてからゆっくり元の位置へ戻す。

バー・ディップス

〈注意点〉
①刺激が抜けるので、肘を身体の横から離して動作しない。
②上腕をブラして動作しない。仕上げに行なう種目なので、高重量を扱う必要はない。
③収縮感が弱まるので、猫背にしない。
④スタートポジションでは手の平は後ろへ向けておき、ケーブルを上げるに従い小指側が上を向くように手首を回転させて行き、フィニッシュでは小指が上を向くようにする。こうすることにより上腕三頭筋（特に長頭）の収縮感を強める事が出来る。

〈効果〉
上腕三頭筋全体。ダンベルよりもストレッチ感が強いうえ、負荷が逃げにくい。

◆マシン・トライセップス・エクステンション
〈基本動作〉
現在、三頭筋を鍛えるマシンが多く登場しているが、ここではシートに腰掛けてグリップを前に押し出すタイプのマシンを説明しよう。
まず、マシンのパッドに上腕を置いた時に、上腕が床と平行になる様にシートの高さを調節する。そして、胸を軽く張った状態で、なるべく深く上腕をパッドの上へ置く。マシンのグリップを握り、肘が伸び切るまでグリップを押す。1～2秒おいてからゆっくりと元の位置へ戻す。

〈注意点〉
①上体は直立を保つ。肩が前へ出てしまうと肩の関与が強くなり、三頭筋の収縮感が弱くなる。
②刺激が三頭筋から抜けるので、肘を開いてパッドに置かない。
③椅子が低いと収縮感が甘くなり、逆に高いとストレッチ感が甘くなる。
④刺激が抜けるので、肘をパッドから離さない。

〈効果〉
上腕三頭筋全体。

◆リバースグリップ・ライイング・エクステンション
〈基本動作〉
握りこぶし1個半程度の間隔を開けてバーベルをリバースグリップで握る。上腕を身体に対し垂直よりやや顔の方向へ倒した状態で保ち、肘を伸ばしてバーベルを支える。そこから上腕の位置を動かさずにバーがおでこにくる様にゆっくりと降ろす。ワンクッション置いてから元の位置へ戻す。

〈呼吸〉
吸いながら降ろして、吐きながら上げる。

〈注意点〉
上腕の位置を動かしてバーを上げない。

〈効果〉
上腕三頭筋全体。通常のライイング・エクステンションより肘が開きにくいうえ、肩の関与が小さくなるために三頭筋をアイソレートできる。その分、扱うウェイトは軽くなる。

ABS

第7章

腹部のトレーニング

◆シットアップ

〈基本動作〉

シットアップボードを適当な高さに調節し、膝を90度近くに曲げて寝転ぶ。両手を頭の後ろで組み、肩甲骨がボードにつかない程度に上体を丸めて保持する。そこから腹筋の緊張感が抜けない所まで上体を上げ、そのままゆっくりと元の位置まで戻す。腹筋の緊張感を解かないコツとしては、上げ始めに引いていた顎をだんだんと顎を前に出す（前を見る）様にする。下げる時はこの逆の動作をする。

この種目は、ボードを使わずに床の上で行うこともできる。この場合、足首を誰かに押さえてもらうと動作が行い易い。

〈効果〉

腹直筋（特に上・中部に強く効く）。

〈呼吸〉

吐きながら上げて、吸いながら降ろす。

〈注意点〉

①ボードの高さは、20レップス繰り返せる位の高さにする。それ以下では十分に腹筋を追い込む事は出来ない。またそれ以上では、やや負荷が軽いと思われる。

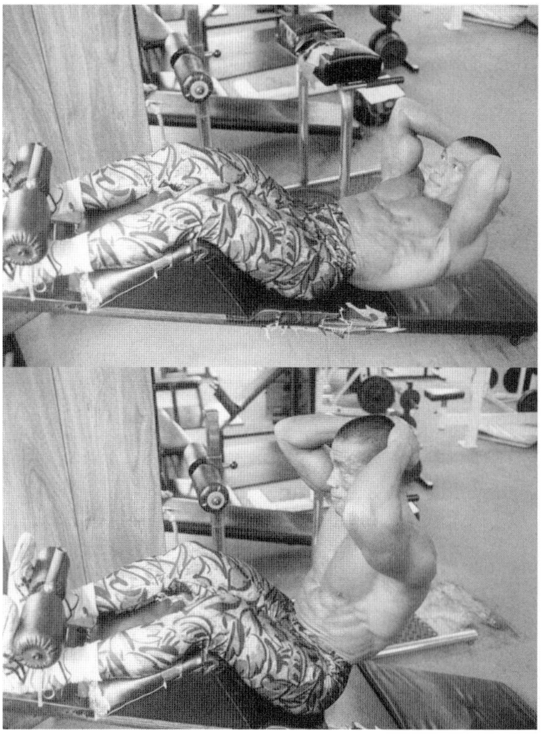

シットアップ

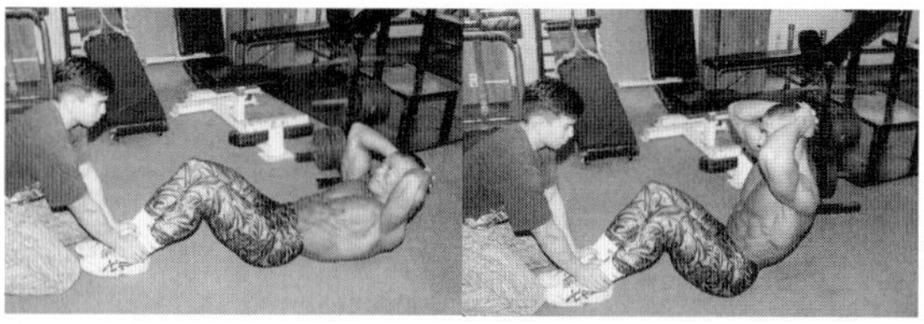

床の上で行なう

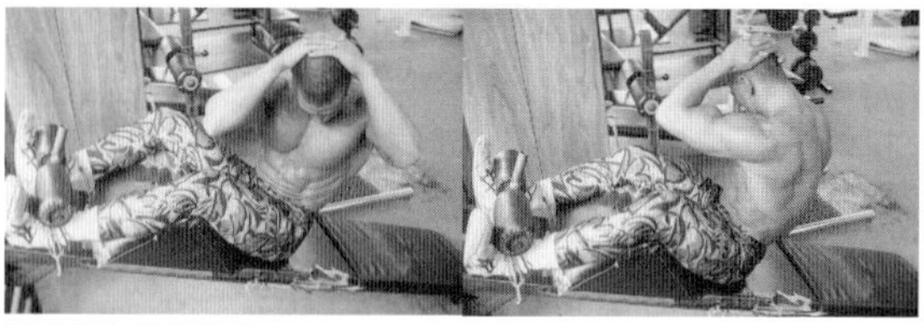

ツイストを加える

②ネガティブ動作ではただ降ろすのではなくあごを引いて背中を丸めた状態で、腹筋に力が入ったまま降ろす事。

③腹筋の緊張感が抜けやすいので、背中全体がボードに着くまで戻さない。2レップ目からも、肩甲骨がボードにつかない程度の所から始める。

④上体をあまり高い位置まで上げると、腹筋の緊張感が抜ける。

⑤膝を伸ばしたまま行なうと、腰への負担が強くなる。

〈効果〉

腹直筋。特に上・中部に強く効く。

〈バリエーション〉

◎ツイストを加える

上体を上げながら左右どちらかへひねる動作を加える事により、外腹斜筋を強く刺激する事ができる。

スタートポジションは、スタンダードのものと同じで、そこから左右どちらかに捻りながら外腹斜筋の緊張感が抜けない所まで上体を上げて行く。降ろす時は真っすぐ降ろす。1回毎に左右交互に20レップス行なう。

よくツイストを速い動作で加えている人がいるが、これだと背筋の力で捻っていると言えるので、ゆっくりと背中を丸めた状態でツイスト動作を加えるようにする事。

◆クランチ

〈基本動作〉

クランチベンチに仰臥して、手を後頭部で組む。この時、膝、そして大腿部と腰の角度が90度になる様ようにする。ベンチに頭までつけてベタっと寝て、胸郭を開いておき、そこから腹筋の力だけで背中を丸めるように上体を上げる。ワンクッションおいてから、ゆっくりと元の位置へ戻す。
　この種目も床で行なう事ができるが、この時足をフラットベンチなどに上げて行った方が良い。

〈呼吸〉
　シットアップに同じ。

〈注意点〉
①降りる時は思いっきり胸郭を開いて腹筋をストレッチさせる。
②上体を起こし過ぎない。鳩尾を強く収縮させるような感じで、僧帽筋上部がベンチから離れる程度までで良い。
③膝の角度を90度より緩くすると、大腿部の関与が強まり、楽に行なえてしまう。
④可動範囲が狭いので、呼吸が非常に重要。上げ切った時には、必ず息を吐ききる事。

〈効果〉
　腹直筋、特に上部。

◆ローマンチェアー・シットアップ
〈基本動作〉
　フットボードに足を平行にして足先を引っかける。次に、座る位置はシートの真上よりやや後ろ気味に座る。両手を後頭部で組み、上体が床と平行よりやや下の位置で止め、そこから腹筋の緊張感が抜けない範囲まで上げる。ワンクッションおいてから元の位置へゆっくりと戻す。

〈呼吸〉
　シットアップと同じ。

〈注意点〉
①降ろす時は、上体を丸めて腹筋を収縮させた状態。腹筋を緩めてしまうと、刺激が背中へ逃げてしまう。
②上体を上げ過ぎると収縮感が抜ける。
③上体を真っすぐにしたまま動作すると、背中へ刺激が逃げてしまう。上げながら引いていたあごを前へ出すと、収縮感が抜けにくい。
④座る位置がシートの真上だとストレッチ感が甘くなる。また、上げた時に刺激が抜けやすい。

〈効果〉
　腹直筋、得に中・下部に強く効く。

クランチ

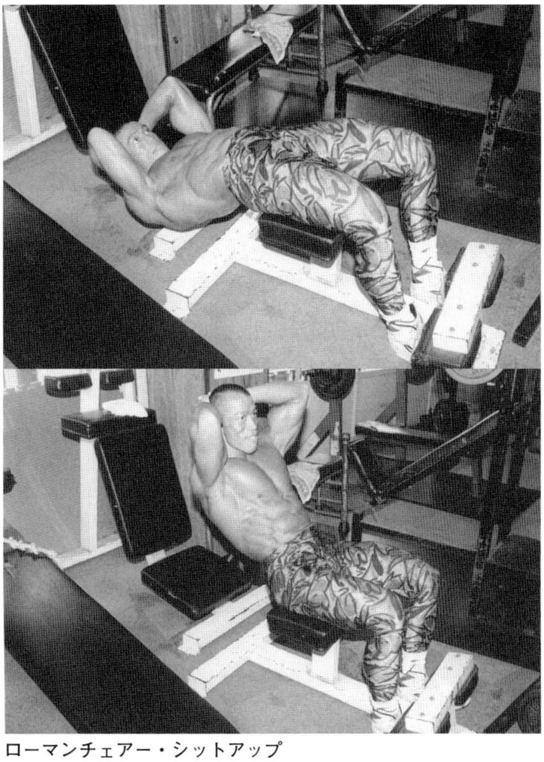

ローマンチェアー・シットアップ

◆レッグレイズ

〈基本動作〉

シットアップボードをインクラインにして仰向けになる。両手でシットアップボードを支えている肋木をつかんで上体を固定する。スタートポジションは、足がボードにつく一歩手前で、保持し膝は伸ばすがロックはさせない。そこから、上体に対し脚が90度になる位まで上げ、多少臀部を浮かせる。そのままゆっくりと元の位置へ戻す。

この種目は床の上やフラットベンチの上でも行なう事が出来るが、収縮感が一番強いのは、シットアップボードをインクラインにして行なう方法である。

〈呼吸〉

吐きながら脚を上げて、吸いながら降ろす。

〈注意点〉

①腹筋の上部に刺激が移行してしまうので、足を顔の方まで上げない。腹直筋中・下部に効かすのならば、上体に対して90度までで十分である。

②大腿四頭筋に刺激が移行するので、膝をロックさせて動作しない。また、膝を曲げ過ぎて動作すると、腹筋への負荷が弱まる。

③緊張感が抜けるので、足をベンチに付くまで戻さない。

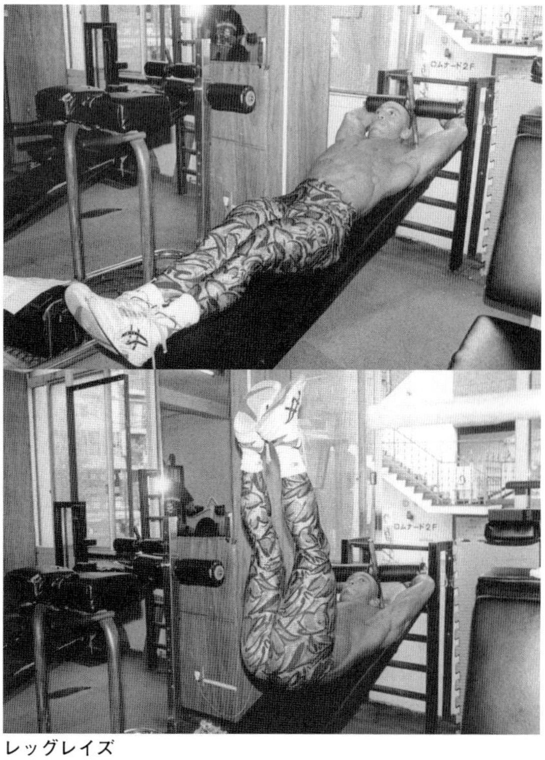

レッグレイズ

④フラットベンチの端から脚を出して行う場合、上体にアーチが作り易くなるので注意。降ろした時、上体にアーチを作ってしまうと、腹筋のストレッチ感が強まるというよりは、腰への負担が強くなり危険である。

⑤シットアップボードの角度は、20レップスギリギリ繰り返せるように決める。

⑥負荷を強めたい場合は、アイアンシューズ等を使用すると良い。

〈効果〉

腹直筋、特に中・下部に強く効く。

◆ハンギング・レッグレイズ

〈基本動作〉

適当な間隔に手を開いてチンニングバーにぶら下がる。膝はロックする一歩手前で、下半身は上体よりやや前にくるように保つ。そこから上体に対し90度位まで脚を上げ、ワンクッションおいてから元の位置へゆっくりと戻す。

〈呼吸〉

レッグレイズと同じ。

〈注意点〉

①脚を上体と一直線になるまで戻すと緊張感が抜けてしまう。2レップ目からも、必ずやや前の所で止める。

②上げる時に膝を曲げ過ぎない。負荷が弱くなる。

③常に腹筋を緊張させた状態で動作する。

脚を降ろした時に緊張を緩めてしまうと、腸腰筋に効いてしまう。

④ストラップをつけて行なった方が腹筋に意識しやすい。

〈効果〉

腹直筋、特に中・下部に強く効く。

◆ハンギング・フロッグレイズ

〈基本動作〉

ハンギング・レッグレイズの脚を上げる動作を、膝を曲げて上げる種目。負荷が弱くなるので、女性や初心者向けと言えよう。

スタートポジションはハンギング・レッグレイズと同じ。そこから膝を曲げながら、大腿部が上体に

ハンギング・レッグレイズ

ハンギング・フロッグレイズ

〈呼吸〉
ハンギング・レッグレイズと同じ。

〈注意点〉
①脚を上げる位置は、ハンギング・レッグレイズよりも膝を高く上げる。

〈効果〉
ハンギング・レッグレイズと同じ。

◆ニーアップ

〈基本動作〉
フラットベンチを横にし、その端に腰掛ける。上体をやや後方へ傾け両手で支え、足は床ギリギリの所で保持する。この時、膝はロックさせる一歩手前。そこから上体を多少起こしながら、膝を曲げて腹筋が収縮しきる所まで脚を上げる。ワンクッションおいてから元の位置へ戻す。

〈呼吸〉
吐きながら脚を上げ、吸いながら戻す。

〈注意点〉
①脚を降ろした時に、上体を反らない。反ってしまうと、腰への負担が強くなるので、腹筋に力を入れた状態で動作する。
②緊張感が抜けてしまうので、膝が体につくまで上

対し90度よりやや上にくるまで脚を上げる。ワンクッションおいてから、ゆっくりと元の位置へ戻す。

ニーアップ

ジャックナイフ

げない。上げれば上げるほど収縮感が強まる訳ではない。
③足脚を上げながら上体を少し上げ、脚を降ろす時は上体も多少後ろへ倒すと可動範囲が広くなる。
④仕上げに行なう種目なので、無理をして負荷を強める必要はない。

〈効果〉
　腹直筋中・下部。

◆ジャックナイフ
〈基本動作〉
　膝を伸ばした状態で行なうニーアップ。スタートポジションはニーアップと同じ。膝をロックさせる一歩手前に保ったまま、腹筋の緊張感が抜けない所まで脚を上げる。

〈呼吸〉
　ニーアップと同じ。

〈注意点〉
①大腿四頭筋に刺激が移行してしまうので、膝をロックさせて動作しない。

〈効果〉
　腹直筋中・下部。ニー・アップより負荷が強い。

◆ケーブル・クランチ
〈基本動作〉
　ウェイトスタック側を向いて膝まづいて座り、ハイプーリーに繋いだロープを両手で握る。肘を90度に保ち、両握りこぶしが顔の前辺りにくるようにして固定し、背中を真っすぐにした状態で、体を床と垂直よりやや前に傾けた所をスタートポジションとする。この時、多少バキュームを利かせておく。そこから、みぞおちから折り曲げるような感じで腹筋を収縮させていき、収縮しきった所で１～２秒止め、元の位置へゆっくりと戻す。どちらかと言うと、仕上げに行なう種目である。

〈呼吸〉
　吐きながら収縮させ、吸いながら戻す。

〈注意点〉
①腕は終始固定して動作すること。上体を動かすのと同時に腕を動かすと、動作に腕の力が関与しやすくなる。特に上体を戻す時に、上腕が前へ行きやすいので注意が必要である。脇の角度を一定に保つ。
②腰から上体を前へ倒さない。腸腰筋(ちょうようきん)に刺激が移行する。上体をクランチさせるように折り曲げると良い。
③上体がアーチするまで戻さない。後ろへ倒せば倒

ケーブル・クランチ

すほどストレッチ感が強まると思われがちだが、逆にストレッチ感は抜ける。
④上体を戻した時にウェイトスタックがつかないように、あらかじめポジションをとる。

〈効果〉
腹直筋、特に上部に強く効く。

〈バリエーション〉
◎ウェイトスタックを背にして座る
上体をある程度立てても刺激が抜けないので、ストレッチ感を強めることが出来る。また、クランチのように収縮させた所からさらに上体を多少前傾させると、腹筋の中部まで強く効かせることが出来る。

◆**サイド・シットアップ**
〈基本動作〉
ハイパーバックエクステンション台に横になり、パッドに両足首をかける。この時膝は多少曲げておく。上体を水平よりやや下まで降ろし、そこから水平よりやや上まで上体を上げる。ワンクッションおいてから、元の位置までゆっくり戻す。動作中、片方の手（上の手）は、後頭部に当てておく。
この種目はフラットベンチでも行なうことが出来るが、この場合両足首を誰かに押さえておいてもらう必要がある。

〈呼吸〉
上げながら吐いて、降ろしながら吸う。

〈注意点〉
①上体を降ろし過ぎない。腰への負担が強まり、危険である。
②上体を真っすぐに保ったまま上げない。下半身の力が関与しやすくなる。外腹斜筋の辺りから折り曲げるような感じで上げる。
③外腹斜筋から刺激が抜けるので、動作中に身体を捻らない。
④あまり腰の上の方で座らない。可動範囲が狭くなる。どちらかというと大腿部に近い位置で座ると良い。

〈効果〉
外腹斜筋。

サイド・シットアップ

◆**ダンベル・サイドベント**
〈基本動作〉
足幅を肩幅程度に開いて直立し、片手にダンベルを持ち、もう一方の手は後頭部へ置く。ダンベルを持った方の外腹斜筋を収縮させて体を傾け、反対側の外腹斜筋をストレッチさせる。そこから、ダンベ

ダンベル・サイドベンド

ルを持っていない方の外腹斜筋を収縮させていく。収縮しきった所で１～２秒おき、もう一方の外腹斜筋を収縮させながら、ストレッチさせていく。

〈呼吸〉

直立した状態から、息を吐きながら収縮させていき、収縮しきった所から直立姿勢に戻るまでに息を吸う。

〈注意点〉

①動作中、尻の位置を動かさない。動かすと収縮感もストレッチ感も弱くなる。
②真横に身体を倒さない。やや斜め前に上体を折るようにする。
③収縮感が弱まるので、胸を張って動作しない。
④このエクササイズは、ダンベルを持っていない方の外腹斜筋のみに意識が集中しやすいが、ダンベルを持っている方の外腹斜筋の収縮感をつかむことも大切である。

〈効果〉

外腹斜筋。

〈バリエーション〉

◎ダンベルを両手に持って行なう
収縮感は意識しやすくなるが、可動範囲が狭くなるので、ストレッチ感が弱まる。

バーベル・サイドベンド

ケーブル・サイドベンド

◆バーベル・サイドベンド

〈基本動作〉

バーベルを背中に担いで行なうサイドベント。基本動作はダンベル・サイドベントに類似する。常に左右の外腹斜筋の収縮感を意識するので、ストレッチ感は当然甘くなる。

収縮感は意識しやすいので、スポーツ補強の筋トレなどには適しているが、ボディビルダーは可動範囲の広いダンベルの方が良いと思われる。

〈呼吸〉

ダンベル・サイドベントと同じ。

〈注意点〉

ダンベル・サイドベントと同じ。

〈効果〉

外腹斜筋。

◆ケーブル・サイドベンド

〈基本動作〉

ケーブルマシンに横向きになって直立し、ロープーリーに繋いだハンドルを片手に持つ。もう一方の手は後頭部に置く。
基本動作はダンベル・サイドベントと同じ。

ダンベルで行なうよりも可動範囲を広く取れる。

〈呼吸〉
ダンベル・サイドベントに同じ

〈注意点〉
①ハンドルを戻した時にウェイトスタックが着かないように、あらかじめ立つ位置を決めておく。

〈効果〉
外腹斜筋。

◆ツイスト

〈基本動作〉
この種目はスタンディングでもシーテッドでも行なうことが出来るが、ここでは下半身が固定しやすいという理由でシーテッドのツイストを説明する。

まずバーベルを背中に担いでフラットベンチに腰掛ける。担いだバーベルを床と平行に保ったまま、どちらか一方に捻れる所まで上体を捻る。ワンクッション置いてから、片方へ同じように捻って行く。

ボディビルダーはウエストを太くしたくないために、重いウェイトを持ってこの種目を行なうことはあまりない。体幹部を強くしたい格闘技や球技などの選手は、重いウェイトを持ってこの種目を行なっても良い。

〈呼吸〉
上体が正面を向いた位置から、上体を捻り切るポジションまでに息を吐ききり、正面に戻るまでに息を吸う。そして、再び捻り切る所で吐ききる。息を数量は少なめにする。

〈注意点〉
①速い動作で行なわない。上体を捻るだけの動作ではなく、捻った時に多少上体を折り曲げて外腹斜筋の収縮感を意識する。
②スタンディングで行なう場合、腰も一緒に回転しやすいので注意する。腰まで回転すると収縮感が弱くなる。
③胸郭を広げて動作をするのではなく、腹直筋に多少力を入れて動作をする。

〈効果〉
外腹斜筋、特に上部。

◆ヒップロール

〈基本動作〉
床に仰向けになり、両手は身体に対して垂直に置く。膝を軽く曲げて片脚を上げ、足先が反対側の手がつく所まで体を捻ってもってくる。そこから真っすぐになる所まで脚を戻していくが、足が床につくギリギリの所で止める。

ボディビルダーにとっては、外腹斜筋を鍛えるエクササイズとしてはあまりポピュラーではない。

〈呼吸〉
吐きながら脚を上げて、降ろしながら吸う。

〈注意点〉
①脚を上げた時に上体まで一緒に上げない。上げて

ツイスト

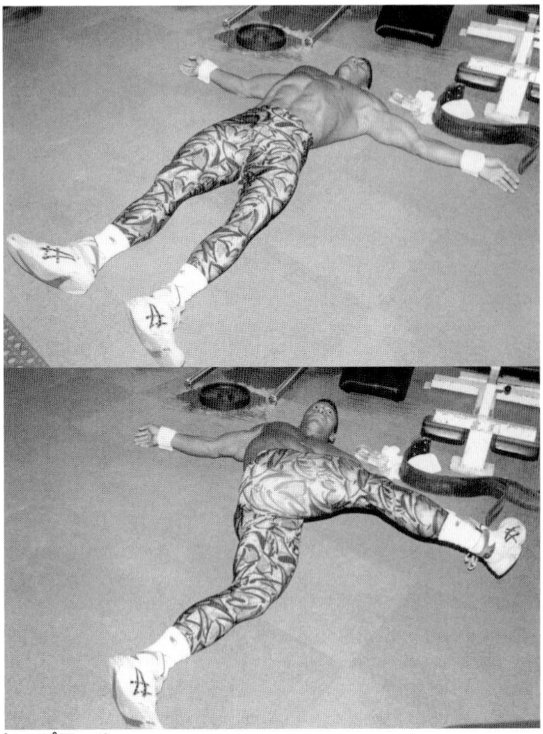

ヒップロール

しまうと外腹斜筋の収縮感が弱まる。もう一方の手が上がるほど捻ってはいけない。
②大腿部に効いてしまうので、膝を伸ばして動作しない。
③胸を張って動作しない。特に脚を上げた時に胸を張っていると、収縮感が弱まる。
④初心者はただの脚上げ動作になってしまいがちだが、必ず脚を上げた方の外腹斜筋の収縮感を意識することが大切である。

〈効果〉
外腹斜筋、特に下部。

◆ヘッドアップ・クランチ
〈基本動作〉
両手を腹の上に置いて床の上に仰向けになる。あごを前へ出すような感じで頭を上げていき、腹筋を収縮させる。頭が上がりきった所でワンクッションおき、後頭部が床につく一歩手前まで戻す。
腹筋への強度が弱いので、ボディビルダーはシットアップを行なう場合が多い。

〈呼吸〉
上げながら吐いて、吸いながら戻す。

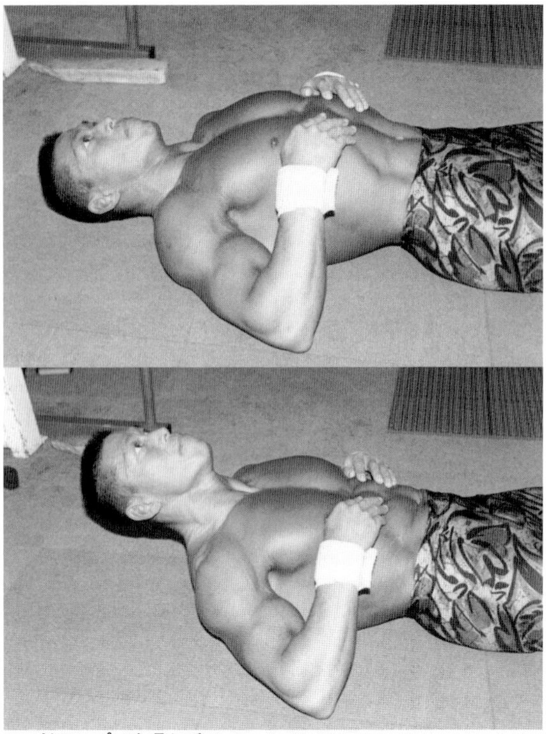

ヘッドアップ・クランチ

〈注意点〉
①腹筋上部へ刺激が移行するので、クランチのようにみぞおちを見るようにして上体を丸めない。僧帽筋上部が床から離れる程度まで良い。
②降ろす時は多少バキュームを利かせて胸を張ると、ストレッチ感が強まる。

〈効果〉
腹直筋上・中部。クランチより可動範囲が狭い。

◆アブドミナル・マシン
〈基本動作〉
現在、多くのアブドミナル・マシンが日本でも見られるようになったが、ここでは一番普及していると思われる下半身を固定して、上体に負荷のかかるマシンを説明したいと思う。
フットボードの位置を、膝が多少曲がるように調節し、上体に当てるパッドは大胸筋中央部にくるように高さを調節する。マシンに腰掛け、ケーブルクランチを行なう要領で、パッドを押しながら上体を折り曲げて行く。収縮しきった所から、さらに上体を少し倒して１～２秒置いて、ゆっくりと元の位置へ戻す。

〈呼吸〉
吐きながら収縮させ、吸いながら戻す。

〈注意点〉
①腹直筋上部のみの高価になってしまうので、腹筋が収縮しきった所でやめない。そこからさらに少し上体を倒すことで中・下部まで効かすことが出来る。但し、倒し過ぎないようにすること。倒せば倒すほど収縮感が強まる訳ではない。
②戻していく時に多少バキュームを利かせると、ストレッチ感が強まる。ストレッチ感を強めようと体を反ってしまうことは、逆に弱めてしまう。
③膝を伸ばしたまま動作すると、下半身の動作に関与する割合が強くなる。

〈効果〉
腹直筋全体。

第８章
カーフ、首、臀部のトレーニング

CALF & NECK

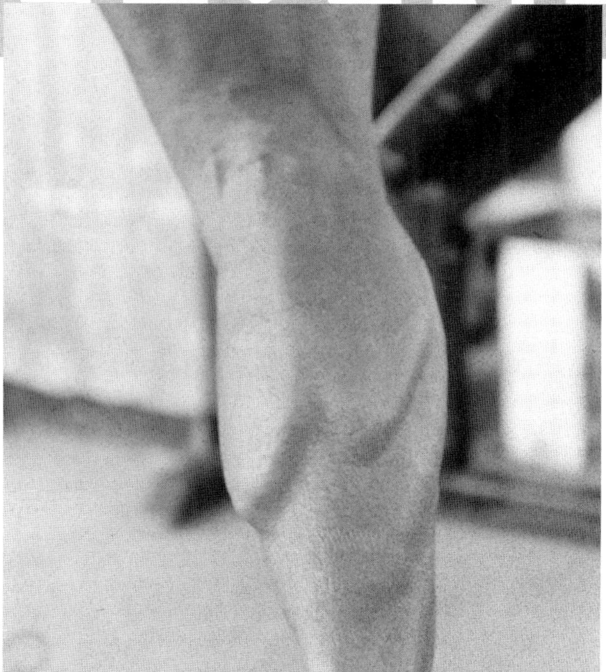

GLUTES

カーフのトレーニング

◆スタンディング・バーベル・カーフレイズ

〈基本動作〉

バーベルを肩に担いで、足幅を肩幅よりやや狭めに取り、つま先を少し開いて直立する。その姿勢を保ったまま、かかとが上がる所まで上げて1～2秒置いてから、ゆっくりとかかとが床につくすれすれの位置まで戻す。

現在のボディビルトレーニングにおいては、マシンで行なうカーフレイズの方が可動範囲が広く、バランスも取りやすいのでよりポピュラーと言える。マシンの無いジムや、ホームトレーニーなどには適している。

〈呼吸〉

吐きながら上げて、吸いながら戻す。

〈注意点〉

①板などをかかとの下に敷かずに行なう。両手でバーベルを持たなければならないので、板などの上に乗るとバランスが取りにくく危険である。
②刺激がカーフから抜けてしまうので、膝を曲げて動作しない。膝はロックさせる一歩手前の状態を保つ。また、逆に膝をロックさせると、大腿四頭筋に刺激が移行してしまう。
③足幅が極端に広いと動作がしずらいうえ、可動範囲も狭くなる。
④上げきった時に重心が親指の方へ来るようにすると、腓腹筋の収縮感が強くなる。
⑤緊張が抜けるので、かかとを床につくまで戻さない。緊張が抜ける。
⑥かかとを上げると同時に、肩を上げてシュラッグしない。上体の力はなるべく抜いて、カーフに意識を集中させる。
⑦負荷がカーフから抜けるので、降ろす時尻を後ろへ突き出さない。上体は終始直立を保って動作する。

〈効果〉

腓腹筋、補助筋：ヒラメ筋

〈バリエーション〉

◎小指の方向へ重心をかける

通常は親指の方に重心をかけるが、小指の方に重心をかけることにより、腓腹筋外側に刺激を強く与える事が出来る。また、ヒラメ筋への刺激も強まる。この方法で行なう時、足の置き方をハの字（かかとを外側に開く）にすると、小指の方に重心をかけやすい。

◎逆ハの字で行なう

より腓腹筋内側に強く効かす事が出来る。この場合、膝を絞って動作する事に注意する。

◆ダンベル・ワンレッグ・カーフレイズ

〈基本動作〉

10～15cm位の台の上に片足の1/3程度を乗せて、乗せた足と同じ方の手にダンベルを持つ。もう一方の手は何かに掴まりバランスを取り、足は少し曲げて力を抜いておく。カーフのストレッチ感が抜けない範囲内で下へ降ろし、そこから出来るだけ上までかかとを上げる。上げきったら1～2秒おいて、ゆっくりと元の位置まで戻す。

〈呼吸〉

吐きながら上げて、吸いながら戻す。

〈注意点〉

ほとんどがスタンディング・バーベル・カーフレイズと同じなので、追加の注意点のみ挙げておく。

スタンディング・バーベル・カーフレイズ

①ストレッチ感が甘くなるので、台の上に足を乗せ過ぎない。

〈効果〉

腓腹筋、補助筋：ヒラメ筋。ワンレッグだと左右均等に鍛えることができ、台の上に乗って行なえるのでバーベルよりも可動範囲が広い。

◆シーテッド・バーベル・カーフレイズ

〈基本動作〉

腰掛けた時に、大腿部が床と平行になるような高さのベンチに座る（又は高さを調節する）。下腿部が大腿部に対し直角よりもやや内側に入るようにし、足幅は肩幅よりやや狭めで足を平行にして床に置く。次にバーベルを大腿部の膝に近い位置に乗せる。小指の方に重心をかけながら、上がる所までかかとを上げ、１～２秒おいてから床すれすれまでゆっくりと戻す。

〈呼吸〉

吐きながら上げて、吸いながら戻す。

〈注意点〉

①バーベルを乗せる位置が、大腿部の付け根に行けば行くほど、カーフへの負荷が弱まる。
②足の位置が前過ぎると収縮感が弱まる。
③椅子の高さが高すぎると、収縮感が弱まるうえに動作がやりにくい。

〈効果〉

ヒラメ筋、補助筋：腓腹筋

〈バリエーション〉

◎親指の方へ重心をかけて行なう

ヒラメ筋及び腓腹筋内側への刺激を強くする事が出来る。足をハの字にして、膝を締めぎみで動作すると良い。

◆スタンディング・カーフレイズ・マシン

〈基本動作〉

マシンのプラットフォームに足の裏1/3を乗せ、膝はロックの一歩手前を保ち、上体を直立させて構える。肩にマシンのパッドを当て、両手でハンドルを握り一旦ウェイトスタックを上げる。そこから、カーフの緊張感が抜けない範囲までかかとをゆっくり降ろし、そのままかかとが上がる所まで上げる。この時重心は、親指の方へ乗せる。そこで１～２秒ほどカーフを収縮させる。

〈呼吸〉

上げながら吐いて、降ろしながら吸う。

〈注意点〉

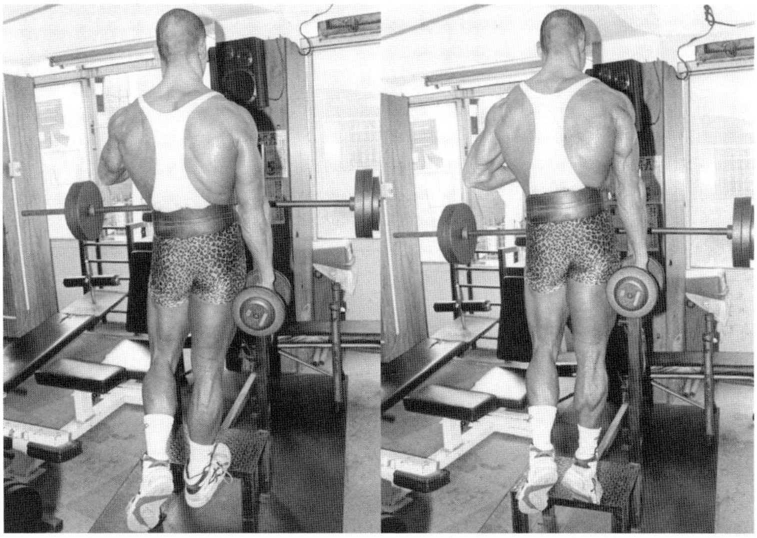

ダンベル・ワンレッグ・カーフレイズ

シーテッド・バーベル・カーフレイズ

スタンディング・カーフレイズ・マシン

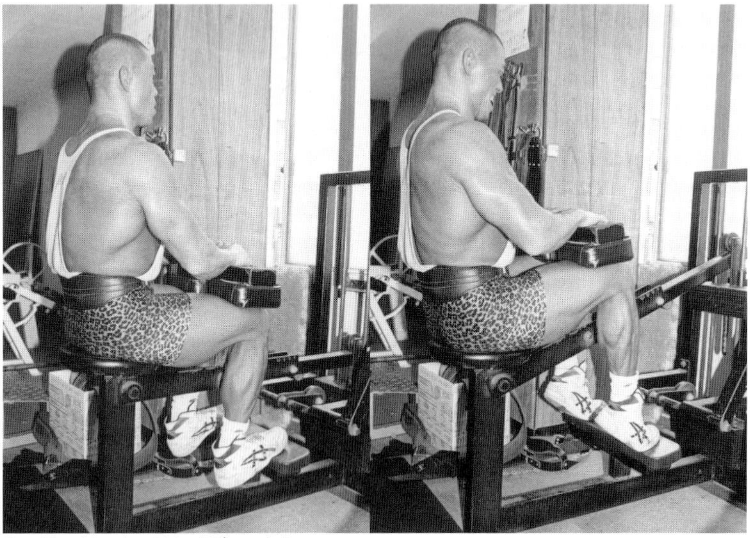

シーテッド・カーフレイズ・マシン

①カーフの緊張感が抜ける所まで降ろさない。また、十分にカーフがストレッチされずにウェイトスタックがついてしまわないよう、あらかじめ調節しておく必要がある。
②カーフのストレッチ感が甘くなるので、膝を曲げ過ぎない。
③上げる時に肩も上げてシュラッグしない。

〈効果〉

腓腹筋、補助筋：ヒラメ筋。バーベルで行なうよりもバランスが取りやすく、可動範囲も広く、さらに高重量が扱えるので、現在のカーフのトレーニングでは最もポピュラーと言えよう。

◆シーテッド・カーフレイズ・マシン

〈基本動作〉

プラットフォームに足を平行にして1/3程度乗せる。大腿部が床と平行になるように椅子の高さを調節し、パッドを大腿四頭筋下部に当てる。刺激が抜けない範囲内で十分かかとを降ろし、そこからかかとが上がりきる所まで上げ、１～２秒止めてからゆっくりと元の位置へ戻す。

バーベルで行なうよりも可動範囲が広く、大腿部に対する圧力も低いので高重量が扱える。

〈呼吸〉

吐きながら上げて、吸いながら戻す。

〈注意点〉

①スタンディングよりも可動範囲が狭いので、収縮重視で行なう。

その他はバーベル・シーテッド・カーフレイズに類似するので、ここでは省く。

〈効果〉

ヒラメ筋、補助筋：腓腹筋。バーベルで行なうシーテッド・カーフレイズより可動範囲が広く、大腿部にかかる負担も軽いことから高重量を扱うことができる。

◆ドンキー・カーフレイズ・ウィズ・パートナー

〈基本動作〉

適当な高さの台に乗り、足幅を肩幅よりやや狭めに取り、つま先を少し外側に開いておく。膝はロックする一歩手前で保ち、上体を床と平行位まで曲げて、ちょうど良い高さの台に肘をつく。そして、パートナーに腰の真上に乗ってもらう。その状態を保ったまま、刺激が抜けない範囲内でかかとを出来るだけ降ろし、そのまま出来るだけ高くかかとを上げてカーフを収縮させる。上げきった所で１～２秒止める。

〈呼吸〉

ドンキー・カーフレイズ・ウィズ・パートナー

ドンキー・カーフレイズ・マシン

　吐きながら上げて、吸いながら降ろす。

〈注意点〉
①パートナーを乗せる位置が前過ぎると負荷が弱まり、腰への負担も強くなるので危険である。
②腰を折る角度は、90度よりもやや緩めにする。この方が、ストレッチ感が強まり可動範囲が広くなる。
③手に力を入れ過ぎない。上半身はできるだけ力を抜いている。

〈効果〉
　腓腹筋、補助筋：ヒラメ筋。スタンディングよりもストレッチ感が強い。

◆マシン・ドンキー・カーフレイズ

〈基本動作〉
　あまりポピュラーではないが、今日ではドンキー・カーフレイズ専用のマシンも登場してきているので説明しておく。ウィズ・パートナー同様に上体を床と平行位に曲げ、腰にパッドが当たるよう調節する。その他の姿勢・動作に関してはウィズ・パートナーと同じなので省略する。

カーフプレス（45度レッグプレス）

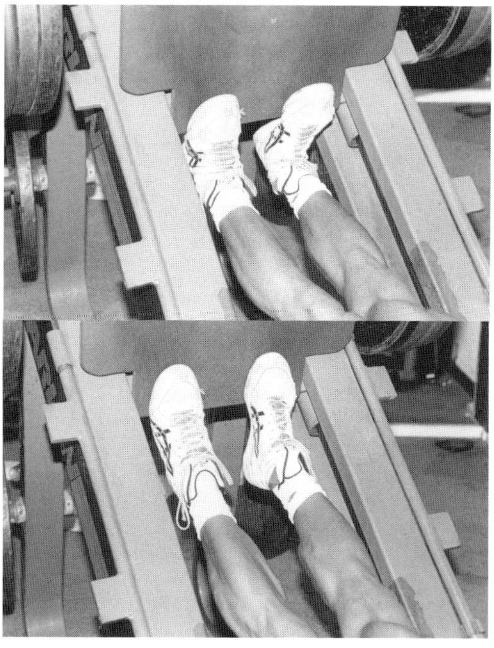

カーフプレス（シーテッド・レッグプレス）

初心者には、やや効かせ方が難しいので、スタンディングから始めることを勧める。

〈呼吸〉
ウィズ・パートナーと同じ。

〈注意点〉
ウィズ・パートナーと同じ。

〈効果〉
腓腹筋、補助筋：ヒラメ筋。

◆カーフプレス
〈基本動作〉
この種目はレッグプレスマシンを使って行なう。足幅を肩幅よりやや狭めに取り、つま先をやや開いておく。膝は完全にロックさせ、足を1/3程度プラットフォームに乗せる。刺激が抜けない範囲内で十分カーフをストレッチさせ、そこからカーフが一番収縮する所までプラットフォームを押し上げる。１～２秒止めてから、ゆっくりと元へ戻す。

〈注意点〉
①大腿四頭筋を使って動作しない。足首のみで動作させる。
②可動範囲がより狭くなるので、足をプラットフォームに乗せ過ぎない。

〈効果〉
腓腹筋。大腿部をほとんど使わないのでカーフに意識を集中できるが、可動範囲は狭い。

◆インクライン・カーフレイズ・マシン
〈基本動作〉
最近フィットネスクラブなどでポピュラーになりつつあるマシンである。マシンのパッドを腰の所に当てて行なうことができ、マシン自体45度位に傾斜しているので、スタンディングよりも腰への負担が軽い。但し、スタンディングよりも収縮感が弱いので、仕上げの種目に適している。基本的な姿勢・動作はスタンディングに類似する。

〈注意点〉
膝を曲げ過ぎず、足首のみで動作させる。

〈効果〉
スタンディングと同じ。

首のトレーニング

◆フロント・ネック・フレクション・ウィズ・プレート

〈基本動作〉

フラットベンチの上に僧帽筋の上部がベンチの端にくるように仰向けになる。次に、額の上にタオルの等をおいて、そこへ20回位繰り返せる重量のプレートを乗せる。プレートを両手で押さえながら、ゆっくりとあごの先端が一番高い位置にくるまで顔を返して行き、あごを鎖骨辺りにつけるような感じで顔を上げてくる。ワンクッションおいてから、次のレップへ移る。

〈呼吸〉

息を吸いながら顔を返し、吐きながら上げる。

〈注意点〉

①あごの位置を動かさないで、頭の上下運動になってはいけない。可動範囲が狭くなり、ストレッチ感も収縮感も弱くなる。あごをしっかり動かして顔を返し、そして上げれば良い。

②顔を返し過ぎない。プレートで行なうので負荷が上下にしかかからないため、あまり返し過ぎるとかえって刺激が抜けてしまう。

③終始胸を張って動作する。上体が丸まってしまうと腹筋の関与が強まり、首の収縮感が抜ける。

④ベンチに首をのせると、可動範囲が狭くなる。

〈効果〉

胸鎖乳突筋。

◆サイド・ネック・フレクション・ウィズ・プレート

〈基本動作〉

横向きで行なうネック・フレクション。ベンチの端から片腕を出して身体を横向きにし、こめかみの辺りにプレートを乗せる。そのほかの動作はフロントに類似する。

〈呼吸〉

吸いながら頭を降ろし、吐きながら上げる。

〈注意点〉

①ただの頭の上下運動にならないようにする。あごの位置を上下に動かすように、頭を上げ下げすれば良い。

その他に関しては、フロントに類似する。

フロント・ネック・フレクション・ウィズ・プレート

〈効果〉
　胸鎖乳突筋、頭板状筋。

◆バック・ネック・フレクション・ウィズ・プレート

〈基本動作〉
　フラットベンチの端から鎖骨から上を出し、後頭部の上辺りにプレートを乗せる。両手でプレートを押さえ、あごを引くように頭を下げて、前を向くような感じで頭を上げる。ワンクッションおいてから、次のレップへ移る。
〈呼吸〉
　吸いながら頭を下げて、吐きながら上げる。

〈注意点〉
　フロントに類似する。

〈効果〉
　頭板状筋、補助筋：僧帽筋上部。

◆フロント・ネック・フレクション（アニマルレジスタンス）

〈基本動作〉
　補助者に負荷をかけてもらって行なうネック・フレクション。こちらのエクササイズの方がプレートを使うよりも可動範囲を広く取れるので、ストレッチ感も収縮感も強くなる。
　基本フォーム、動作はプレートを使用するのと同じなので、ここでは省かせてもらうが、アニマルレジスタンスの場合、補助者の負荷の掛け方が重要である。

〈呼吸〉
　息を吸いながら顔を返し、吐きながら上げる。

〈注意点〉
①補助者はあごと額をそれぞれ持って負荷を掛ける。両手で額のみに負荷を掛けると、トレーニーはどうしても顔を返さずに頭の上下運動になりやすいので、あごももって軌道をつけてあげると良い。
②次に、額に当てている手の方にゆっくりと負荷を掛けて行き、あごが頂点に達したら、あごの方の手に負荷を掛け、さらに顔を返す。あごが頂点に達した所で止めていては、プレートを使ったものと同じになってしまいストレッチ感が弱くなる。

バック・ネック・フレクション・ウィズ・プレート

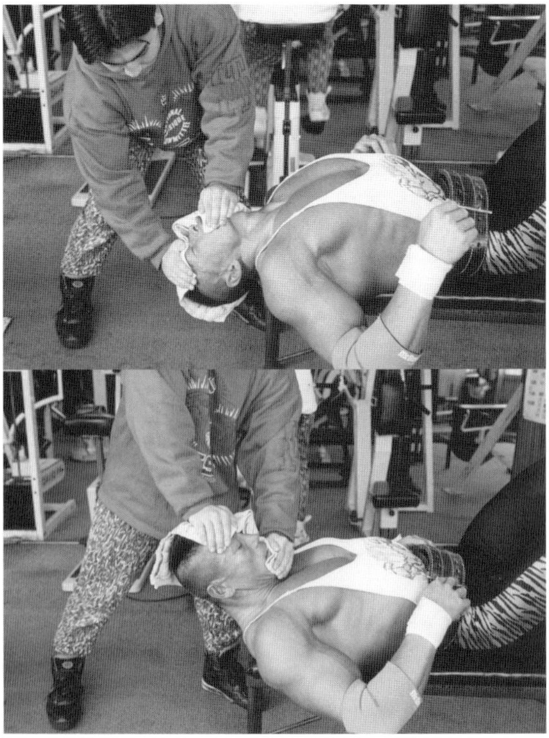
フロント・ネック・フレクション（アニマルレジスタンス）

③頭を上げて行く時の負荷の掛け方は、これとは逆になるが、プレートを使うものよりも頭を上げる位置は多少高くてもよい。

④負荷の強さは、15～20回繰り返せるようなものでなくてはいけない。また、途中で動作が止まるほど強い負荷を掛ける必要はなく、ゆっくりと一定した動作が出来るように均一に負荷を掛ける。初心者が補助者として負荷を掛けることは少々難しいので、補助者はウェイトトレーニングの熟練者にやってもらった方が良い。

〈効果〉
胸鎖乳突筋。

◆サイド・ネック・フレクション（アニマルレジスタンス）

〈基本動作〉
フラットベンチに身体を横向きにして行なうネック・フレクションで、こめかみ辺りを補助者に両手で押してもらって負荷を与えるエクササイズ。これもプレートで行なうよりも可動範囲を広くすることが出来、従ってストレッチ感も収縮感も強くなる。

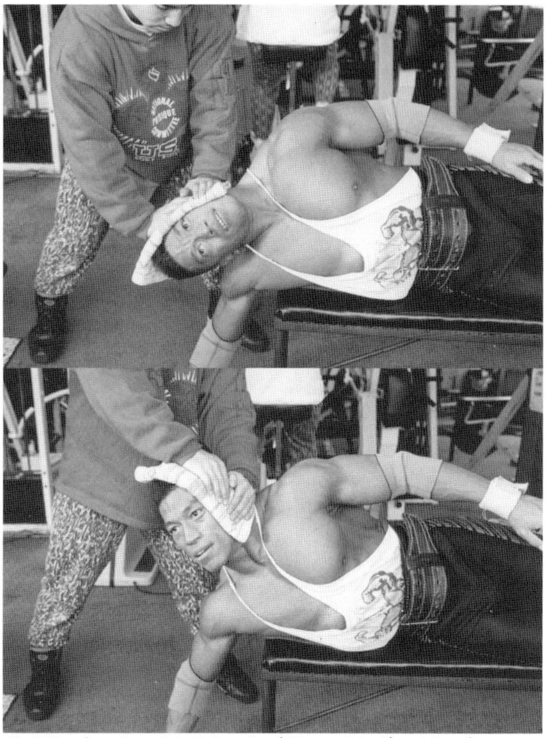
サイド・ネック・フレクション（アニマルレジスタンス）

〈呼吸〉
フロントと同じ

〈注意点〉
①サイドの場合は頭の軌道が難しいので、プレートで行なう時よりも意識が必要である。初心者の場合は、補助者にフロントと同じようにあごを片手で持ってもらい、軌道をつけてもらった方が良いかも知れない。
②顔を捻った所で止めない。そこからさらに首を収縮させるようにして頭を上げる。

〈効果〉
胸鎖乳突筋、頭板状筋。

◆バック・ネック・フレクション（アニマルレジスタンス）

〈基本動作〉
後頭部の上辺りを補助者に両手で押してもらうネック・フレクション。基本的なフォーム、動作はプレートを使用したエクササイズに類似する。この種目もまた、プレートを使用したものよりも可動範囲を広げることが出来る。

この種目は、床に四つん這いになって行なうことも出来る。

バック・ネック・フレクション（アニマルレジスタンス）

〈呼吸〉

フロントに同じ

〈注意点〉
プレートを使用したエクササイズに類似する。

〈効果〉
頭板状筋。補助筋：僧帽筋上部。

◆レスラーブリッジ

〈基本動作〉
頭の下に適当なマットを敷いて、床に仰向けになる。足を肩幅よりやや広めに開き、後頭部と足の裏のみで体を支える。この時、膝は90度よりやや深く曲げておく。両手は胸の上で組んでも良いが、首の弱い人は頭の横に両手をついて支えてもよい。その姿勢から膝を伸ばしていき、首を返して重心を後頭部から額の方へ移動させる。そして再び膝を曲げて、肩を落としていき、元の姿勢へ戻る。
首の筋力が強くなれば、プレートを胸の上にもって負荷を掛けたり、人に乗って負荷を掛けてもらっても良い。ただ、この種目はネック・フレクションよりも収縮感が弱く、固有背筋の関与が高いので、ボディビルダーはあまり行なわないようである。

〈呼吸〉

レスラーブリッジ

息を吸いながら膝を伸ばして行き、吐きながら元へ戻る。

〈注意点〉
①首に対するストレスが強く、強度の調節が容易に出来ないので、初心者は両手を床について支えるやり方から始めた方が良い。
②首の堅い人は首を痛める危険性が高いので、無理に額がマットにつくまで顔を返さず、頭頂部辺りまでで良い。
③膝を曲げて、肩を落としていく時に、肩が床につくまで戻さない。ただでさえネック・フレクションより収縮感が弱いエクササイズなので、肩が床につく一歩手前で止め、刺激を持続させる必要がある。

〈効果〉
頭板状筋、脊柱起立筋。補助筋：僧帽筋上部。

◆リバース・レスラーブリッジ

〈基本動作〉
額の下に適当なマットを敷いて、うつ伏せになる。両つま先と額のみで体を支え、腰を上げて逆V字型を作る。この時膝は多少曲げておく。手は背中か胸の前で組むが、首の弱い初心者等は頭の横の床に両手をついて支えても良い。その姿勢を保ったま

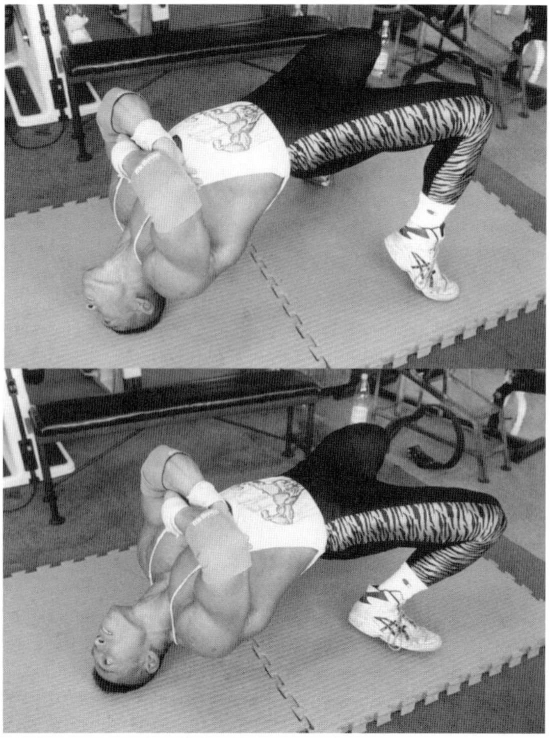

リバース・レスラーブリッジ

ま、頭部を前屈させながら体重を前へ移動させ、重心を額から頭頂部へ移動させる。そして、ゆっくりと元の姿勢に戻る。

〈呼吸〉
息を吐きながら頭部を前屈させ、吸いながら元へ戻す。

〈注意点〉
①この種目は足の位置によって、負荷の強弱をつけることが出来る。足の位置を前へ置けば置くほど負荷は弱まる。

〈効果〉
胸鎖乳突筋

臀部のトレーニング

◆ハイパーバック・エクステンション

〈基本動作〉
このエクササイズは脊柱起立筋（せきちゅうきりつきん）を鍛えるものとして有名だが、フォーム·動作を変えることにより、臀部を強く鍛えることが出来る。
まず骨盤の半分位を腰当てパッドに乗せ、膝はロックさせる一歩手前位に保ち、足首を後ろのパッドに掛ける。水平より下45度位まで、背中を真っすぐに伸ばしたまま降ろしあごを引いて水平よりやや上まで上げてくる。

〈呼吸〉
吸いながら降ろして、吐きながら上げる。

〈注意点〉
①上げる時は胸は張らずに、背中を丸めた状態で上げる。胸を張ってしまうと腰へ刺激が移行する。
②逆に降ろす時は背中は真っすぐの状態を保つ。背中が丸まってしまうと腰のストレッチとなってしまう。
③垂直まで上体を降ろさない。降ろせば降ろすほどストレッチ感が強まる訳ではなく、逆に抜けてしま

ハイパーバック・エクステンション

う。
④初心者は床と水平まで上げれば良い。それ以上上げようとすると、背中を反ってしまいやすく、刺激も背中へ移行してしまう。但し、水平までだと中臀筋への効果は弱くなる。
⑤膝はロックの一歩手前を保つが、多少股を開いてパッドに置く。この方が臀部の収縮感が強くなる。膝を曲げ過ぎると、収縮感は弱くなる。

〈効果〉
大臀筋、中臀筋、補助筋：脊柱起立筋、大腿二頭筋。

◆リバース・ハイパー

〈基本動作〉
ハイパーバック・エクステンション台に上半身を固定して、下半身のみを上下させるエクササイズ。骨盤の半分より上をパッドの上に乗せ、両手でグリップをしっかり握り上半身を固定する。膝を軽く曲げて水平より下45度位まで脚を降ろし、そこから水平よりやや上までゆっくりと上げる。そのまま、元の位置までゆっくりと戻す。
この種目は、フラットベンチにうつ伏せになって行なうことも出来るが、ベンチの高さが低いと足を下45度まで降ろせないので可動範囲が狭くなる。また、頭を高くして行なえば収縮感は強まるが、ストレッチ感は弱まる。逆に臀部を高くして行なえばストレッチ感が強まるが、収縮感は弱まる。

リバース・ハイパー

〈呼吸〉
吸いながら降ろして、吐きながら上げる。

〈注意点〉
①上半身の力は極力抜いて行なう。また、胸を張って動作しない。背中へ刺激が移行してしまう。
②足を降ろし過ぎない。降ろせば降ろすほどストレッチ感が増す訳ではない。かえって抜けてしまう。
③収縮感が弱まるので、上げる時に膝を曲げ過ぎない。
④可動範囲が狭くなるので、骨盤をパッドに乗せ過ぎない。

〈効果〉
大臀筋、中臀筋。

◆ダック・スクワット

〈基本動作〉
ワイドスタンスで行なうスクワットだが、なるべく上体を立てて動作したいので、スミスマシンを使って行なう。
まず、大腿部が床と平行になる位までしかしゃがみ込めないほどのワイドスタンスで足を開き、足先は外側へ向けておく。なるべく上体を真っすぐ立てたまま膝を足先の方に開き、臀部を真下に降ろすような感じでしゃがみ込む。大腿部が床と平行な位まできたら、元の位置まで戻る。上げた時に意識的に臀部を収縮させ、ワンクッションおき次のレップへと移る。

〈呼吸〉
吸いながら降ろして、吐きながら上げる。

〈注意点〉
①脊柱起立筋、大腿四頭筋の関与が強まるので、しゃがむ時に尻を後ろへ突き出さない。
②臀部、及び内転筋から刺激が抜けるので、膝を絞って立ち上がらない。
③この種目をバーベルで行なうことはフォーム的に難しいので、必ずスミスマシンを使うこと。

ダック・スクワット

〈効果〉
　大臀筋、内転筋。

◆ヒップリフト
〈基本動作〉
　床に仰向けになり、膝を90度位に深く曲げておく。手は後頭部で組んで床におく。そこから腰を真上へ上げるような感じでブリッジしていき、完全にブリッジしたら、さらに爪先立ちになる。ワンクッションおいてから、元の位置へゆっくり戻す。
　この種目は、ボトムポジションではほとんど負荷が臀部にかからないので、ボディビルダーはあまり行なわない。

〈呼吸〉
　吸いながら降ろして、吐きながら上げる。

〈注意点〉
①フィニッシュでは爪先立ちになり臀部の収縮感を強めるが、初心者は無理をしてそこまでする必要はない。
②上げる時に意識的に臀部を締めるようにしないと、脊柱起立筋の関与が強くなってしまう。下半身の力だけで上げるようにする。
③腰は必ず真上へ上げる。腰が膝の方へいったり、頭の方へ動いては臀部から刺激が抜けてしまう。
④刺激が抜けてしまうので、臀部が床へつくまで戻さない。必ず床へつく一歩手前で止め、次のレップへ移る。
⑤フィニッシュでブリッジすると言っても、頭を回転させてレスラーブリッジのようにする必要はない。これは首のエクササイズではなく、またそのようにしても臀部の収縮感は強まらない。肩甲骨が床から離れる程度まで上げればよい。

〈効果〉
　大臀筋、中臀筋、補助筋：大腿二頭筋。

〈バリエーション〉
◎片足ずつ行なう
　片足を床から浮かせて、もう一方の足と臀部の力のみで行なう。より強度を高めることが出来る。

ヒップリフト

第９章
トレーニング・スケジュール

TRAINING SCHEDULE

初心者

◆頻度

皆さんが、ウェイトトレーニングを行なおうとするきっかけは様々だと思います。ある人は、ボディビルダーのような体を目指し、シリアスに取り組みたいと思っているでしょうし、またある人は健康を維持する為に始めたい、さらにシェイプアップを目的として始めようとしている方もいるでしょう。いずれのケースにしても、ウェイトトレーニングで効果を期待したいのであれば、“継続”して行なうことが第１条件です。ウェイトトレーニングの効果は、１週間や１カ月で現れるものではありません。半年、１年、もしくはあなたが生涯目的を持続させたいのであれば、ウェイトトレーニングも生涯続けなくてはなりません。

そこでまず始めに考えるのが、１週間にどれくらい行なえば良いのか、ということです。ウェイトトレーニングというと、どうしても堅く考えがちになる人も多いようですが、軽い気持ちでバーベルやダンベルに触れてみてください。毎日行なう必要などありません。全身を週に２～３回行なえば十分です。

もし仕事などの都合で、土日と平日は１日しかトレーニング出来ないという人は、とりあえず２分割にして土日にトレーニングし、平日のみ全身を行なうようにしてください。２分割の方法は、

Ａ／胸・背・二頭・腹

Ｂ／肩・三頭・脚

といった具合です。

また、平日のトレーニングは、なるべく土日と離れた日、水曜か木曜日に行ないます。金土日、または土日月のように３日間連続でトレーニングすることはなるべく避けてください。筋肉を発達させるためには、ウェイトトレーニングで痛めつけた筋肉を、少なくとも48時間休養させなくてはいけないと言われているからです。つまり、毎日同じ部位をトレーニングしたところで、その効果は期待出来ないということです。全身を１日で行なうということは、この休養を考えての事からです。

◆エクササイズ

次に、行なうエクササイズを表１に挙げました。このエクササイズは、主に筋力・筋量の向上を目的とした人のためのものです。初心者は、やはり全体的な筋力を向上させなければなりませんので、コンパウンド種目をメインとした基本エクササイズを行ないます。中・上級者は、アイソレーションエクササイズも行ないますが、筋肉の発達が第一目的の初心者には、コンパウンドエクササイズの方が効果的と言えます。

もしホームトレーニーなどで行なえないエクササイズがある場合は、他の種目に変えても構いません。ただ、変えるエクササイズはコンパウンド種目で、ベーシックなものに限ります。例えばショルダープレスマシンがない時は、バーベルで行なうシーテッド・バックプレスに変えます。スタンディングではなくシーテッドと述べたのは、シーテッドの方が反動を使いにくいからです。ラットマシンがない場合は、ダンベル・ワンハンドローに変えても良いでしょう。バーベルで行なうベントローの方が一般的と言う人もいますが、ベントローのフォームは前傾がきついので、筋量のない初心者は、広背筋よりも腰に効いてしまうと考えられるからです。

また、トレーニングする部位の中に三頭筋が含まれていません。これは、初心者においては胸、肩のトレーニングで三頭筋は十分刺激されていますので、あえて行なう必要がないと思います。

シェイプアップや減量を目的とした人達のエクササイズは少し違ってきます。その種目は表２に挙げておきました。全体的に筋力向上の為のものよりも多くなっています。この理由については後述したいと思います。

◆セットとレップス

レップスは10回が基本です。８回～12回という回数は、筋量をつけるのに１番適している回数と言われています。少ない回数（１～４回）は筋力をつけるのに適していると言われ、逆に15回以上の高回数は筋持久力をつけるのに適していると言われています。ですから、初心者はその中間の10回を基本としています。しかしこの10回は、楽々10回上がる重量でもだめですし、10回ギリギリできる重量でもいけません。12、13回できる位のウェイトで、３セット同じ重量で行ないます。ただ、腹筋と腰は15～20回の高回数で行ないます。これらの部位は高重量を扱うことよりも、効かせることの方に意識した方が良いからです。

減量やシェイプアップを目的とした人は、トレーニング強度を軽くしてレップスを少し増やします。体についた脂肪を落としたり、体のラインを整える

ためのトレーニングは、高重量を扱うよりもある程度筋肉の動きを意識できる重量でなくてはいけません。そして、ある程度多角的に刺激を与えたいので、種目数も増やします。特に女性は下半身に脂肪がつきやすいので、下半身のエクササイズを増やしています。また、インターバルを短くすること（30秒～1分）で、常に心肺機能を向上させる方が、脂肪の燃焼には効果的だからです。

◆トレーニングの進め方

まずウェイトトレーニングに入る前に、エアロバイクなどの有酸素運動を10分位行なって、体を暖めます。特に寒い冬などは、ケガを負うリスクが高いので、入念に体を暖める必要があります。その後全身のストレッチを行ない、そしてウェイトトレーニングに入ります。

トレーニングを行なう部位の順番は、胸・背・肩・二頭・脚・腹・腰、になります。

減量やシェイプアップを目的とした人は、この有酸素運動を30分位行なった方が良いでしょう。やはり、体脂肪を減らすにはウェイトトレーニングより有酸素運動の方が効果的と思えるからです。その後、同じくストレッチを行ない、ウェイトトレーニングを始めます。

このウェイトトレーニングの順番も、筋力向上の人達とは違います。まず脂肪のつきやすい腹部から始め、脚・胸・背・肩・二頭筋・三頭筋・腰の順です。ウェイトトレーニング後は、再び有酸素運動を30分位行なって終了です。

中級者

トレーニングを開始してからおよそ3カ月を過ぎたら、プログラムの見直しをします。それは、大体この時期になると今まで行なってきたトレーニングメニューに慣れてしまい、効果が薄れてきてしまうからです。これは何も初心者に限って言えることではありません。上級者でも、大体3カ月位で今行なっているトレーニングプログラムに慣れてしまい、何らかの変化を与えているようです。

さて、それまで全身を一日置きに週3日行なっていましたが、これを2分割で週4日トレーニングするようにします。これは1部位に行なう種目数を増やしますので、1回にこれらすべてを行なうことはかなりきつくなるからです。ですから全身を2日でトレーニングするようにします。一般的には2日トレーニングして1日休み、2日トレーニングして2日休むというパターンが多いようです。2分割の方法は色々ありますが、

A：胸・背・二頭筋・腰

B：肩・三頭筋・脚・腹

というのが一般的だと思います。腹筋に関しては、週4日行なってもかまいません。

種目は始めに行なっていたものに、大体1つ種目を増やしています（表3参照）。増やすエクササイズは、始めがコンパウンドの基本エクササイズでしたので、ここではより筋肉に効かすために、アイソレーションエクササイズを加えます。胸でしたらフライ（マシンでもダンベルでも良い）、肩でしたらサイドレイズといった具合です。

レップスとセット数については、初めと同じ10回×3セットに変わりありませんが、コンパウンドエクササイズに関しては、多少扱う重量が増えていると思いますので、この3セットの前にウォーミングアップセットを行ないます。このウォーミングアップセットを何セット行なうかは、本番セットで扱う重量が何キロかで決まりますが、恐らく1～2セット行なえば十分だと思います。

◆3分割

2分割でのトレーニングを3カ月位行なったら、

表1.全身を1回でトレーニングするためのエクササイズ

胸	ベンチプレス
背	ラットプルダウン
肩	マシン・ショルダープレス
脚	スクワット
二頭	バーベルカール
腰	ハイパーバックエクステンション
腹	シットアップ

表2.減量を目的とした人のエクササイズ

腹	シットアップ
脚	スクワット
	レッグエクステンション
	レッグカール
	カーフレイズ
胸	ベンチプレス
	マシン・バタフライ
背中	ラットプルダウン
肩	マシン・ショルダープレス
二頭	ダンベル・カール
三頭	ケーブル・プレスダウン
腰	ハイパーバックエクステンション

表3.2分割で行うエクササイズ

胸	ベンチプレス
	マシン・バタフライ
背中	ラットプルダウン
	ケーブルロー
二頭	バーベルカール
	インクライン・ダンベルカール
腰	ハイパーバックエクステンション
肩	マシンショルダープレス
	サイドレイズ
三頭	ケーブル・プレスダウン
脚	スクワット
	レッグエクステンション
	レッグカール
	カーフレイズ
腹	シットアップ

表4.3分割で行うエクササイズ

胸	ベンチプレス
	インクライン・バーベルプレス
	マシン・バタフライ
二頭	バーベルカール
	インクライン・ダンベル・カール
前腕	リストカール
	ハンマーカール
三頭	ケーブル・プレスダウン
	ライイング・エクステンション
腹	シットアップ
脚	スクワット
	レッグプレス
	レッグエクステンション
	レッグカール
	カーフレイズ
背中	ラットプルダウン
	ケーブルロー
	ダンベルワンハンドロー
肩	バーベル・バックプレス
	サイドレイズ
	リアレイズ
腰	ハイパーバックエクステンション
腹	レッグレイズ

次に3分割に移行します。この3分割になりますと、行なう種目が増えてきますので、恐らくホームトレーニーでは少し厳しいと思いますから、ジムへ行くことをお勧めします。

まず頻度ですが、パターン的には以下の3つが一般的です。

1：ＡＢＣ休ＡＢＣ休
2：ＡＢ休ＣＡ休ＢＣ
3：Ａ休Ｂ休Ｃ休Ａ休

1は3日続けてトレーニングをしますので、忙しい人は無理ではないでしょうか。スケジュール的には3が楽ですが、同一部位を週に1回しかトレーニングしないので、1回のトレーニング強度の低い初心者にはやや不十分だと思われます。この3のパターンは、高重量を扱う上級者向けです。

3分割のやり方は、

Ａ：胸・二頭・三頭・腹
Ｂ：脚（カーフ込み）
Ｃ：背中・肩・腰・腹

または、

Ａ：胸・肩・三頭筋・腹
Ｂ：背中・二頭筋
Ｃ：脚（カーフ込み）・腹

それぞれの部位で行なうエクササイズは表4に示したものです。全体的に、2分割のものにさらに1種目追加しています。また、二頭筋のトレーニングには、前腕も加わっています。ここまでくると、立派なボディビルダーと言えるでしょう。

レップスとセット数は、2分割の時とは違ってきます。まず各部位のコンパウンドエクササイズは、ピラミッド法でセットを進めて行きます。知らない人の為に説明しますと、初めのウォーミングアップセットから徐々に重量を上げていき、ＭＡＸまできたら次に徐々に下げていくという方法です。このトップの重量を何キロにするかは、レップスで決めます。まず補助者についてもらえる場合は、自力で8回出来る重量をＭＡＸとし、その後補助者に2～3回補助してもらって上げるフォースドレップスを行ない、補助者がいない場合は、自力で10回ギリギリできる重量を8～9回行ないます。

このＭＡＸの重量までに何セット行なうかは、扱う重量によって決まりますが、大体10kgずつ刻みでウェイトを上げて行けばいいと思います。そして、ＭＡＸまでもってきたらレップスを維持できるように重量を多少落として行き、さらに2セット行ないます。重量がそのままだと、ＭＡＸセットの次のセットは、レップスが落ちてしまいます（恐らく5～6回）。もし、レップスがそのままでしたら、それはＭＡＸ重量の重さが足りなかったか、インターバルの取り過ぎということですので、見直す必要があります。あまり低いレップスでは、初心者には筋肉に十分な刺激を与えることは難しいと思えますので、8レップス以上をキープしてください。

インターバルはコンパウンドエクササイズで2～3分、アイソレーショネクササイズでは1～2分とします。

トレーニングテクニック

ウェイトトレーニングには、様々なトレーニングテクニックが存在します。しかしそのようなテクニックは、トレーニングがマンネリ化してきた上級者が使用するものであって、まだトレーニング経験の浅い初心者は基本に忠実に行なうことで十分な効果は得られるはずです。

ここでは、ポピュラーなトレーニングテクニックを紹介しておきます。

◆スーパーセット法

２つのエクササイズを休憩を挟まずに行なう方法です。一般的には、２つの拮抗する筋肉（例えば上腕二頭筋と三頭筋、大胸筋と背中など）を続けて行ないますが、最近では同一部位のエクササイズを続けて行なうこともスーパーセットと言うようです。通常のトレーニングがマンネリ化してる時や、時間のない時などは良いと思います。

例）

◎バーベルカール（二頭筋）とケーブルプッシュダウン（三頭筋）

◎ベンチプレス（胸）とラットプルダウン（背中）

◎レッグエクステンション（大腿四頭筋）とレッグカール（大腿二頭筋）

◆ディセンディング・セット法

自力でその重量が行なえなくなったら、休みを挟まずに直ちに重量を軽くし、再びレップスを続ける方法。軽くする段階は、大体２段階くらいです。例えば、始めにバーベルカールを40kgで行ない、限界にきたら30kgにし、再び限界に達したら20kgに落として限界まで続け、これを１セットとします。１つの重量で行なえるレップスはあまり高レップスにならぬよう、重量選択が必要です。全体で15～20レップス以下。マルチパウンデッジ法とも言います。

◆パーシャルレインジ法

通常のエクササイズは、どの部位に関しても可動域を最大に取ったフルレインジモーションが基本ですが、さらに追い込むために、時に狭い可動域のパーシャルレインジモーションで行なう方法もあります。これはどういうことかというと、ウェイトを挙げる時必ず一番きついポジションがあると思いますが、それをスティッキングポイントと言います。フルレインジの動作では、このスティッキングポイントを通過させることが最大のポイントだと思いますが、パーシャルレインジ法はこのスティッキングポイントから上、あるいは下の動作のみを行ないます。つまり、スティッキングポイントを通過しませんので、フルレインジモーションで出来なくなった後も、パーシャルレインジモーションならばレップスが続けられ、さらに追い込むことが出来る訳です。

小沼敏雄（こぬま　としお）
1959年1月2日埼玉県三郷市生まれ。
芝浦工業大学付属高校3年生の時に、その時所属していたボクシング部の補強としてウェイトトレーニングを自宅で始める。1978年関東学生ボディビル選手権オープンでボディビルコンテストにデビュー。オープンの部ではあったが、優勝を飾る。大学卒業後『ワールドトレーニングセンター』にコーチとして就職。1985年にミスター日本のタイトルを取り、同タイトルを14回手にしている（そのうち13回は連覇）。02年には世界マスターズボディビル選手権80kg以下級にて優勝を果たす。現在は『ゴールドジム』にてコーチ業に励み、多くの全日本クラスのボディビルダーを育てながら、自らも現役として活躍している。

●初心者でも一人で学べる部位別ウェイトトレーニング●

2013年9月30日　第3版2刷発行
監修者
小沼敏雄
発行者
橋本雄一
印刷所
図書印刷株式会社
●
発行所
（株）体育とスポーツ出版社
〒101-0057　東京都千代田区神田錦町1－13
TEL：03-3291-0911　FAX：03-3293-7750
乱丁・落丁は小社にてお取り替え致します。

ISBN978-4-88458-050-6　C3075　¥1500E